¡CONVICTO!

Miguel Serrano-Arreche

EDITORIAL
Carisma

Publicado por
Editorial **Carisma**
Miami, Fl. U.S.A.
© Derechos reservados

Primera edición 1993

Cubierta diseñada por: Gary Cameron

Producto 550160
ISBN 1-56063-525-8
Impreso en Colombia

Printed in Colombia

Indice

Introducción   5
Prólogo   7
1. ¿Quién soy?   11
2. La dama y el plebeyo   25
3. Manual de operaciones   31
4. El miedo y la avaricia   33
5. ¿Y qué pasó?   39
6. La consecuencia del pecado   45
7. Sillas musicales   53
8. Las acusaciones   69
9. Culpable   77
10. Las sentencias   83
11. La cárcel   87
12. El comienzo del renacer   99
13. La esposa idónea   105
14. El barro está listo para el Alfarero   109
15. Las estadísticas del dolor   117
16. La nueva criatura   121
17. ¿Crees en Dios?   127
18. Razonando la verdad   131
19. Tú también puedes cambiar   135
20. Honrando al Padre Espiritual   139
Epílogo   143

A mi esposa Maritza,
por el apoyo que me dio
desde que la conocí,
por darme su amor incondicional,
arriesgándose a perderlo todo.

Introducción

I nmediatamente después de la primera sentencia, Miguel Serrano, el hombre que vivía orgulloso de su reputación en el mundo de las finanzas de Estados Unidos. El hombre que se vanagloriaba de ser el "papa del maquiavelismo". El hombre que jamás pensó que podría ser tocado por lo que él llamaba, los hombrecitos, salió del la sala de justicia con sus pies en grilletes, con sus manos esposadas y con una cadena alrededor de su cintura, en donde a su vez estaban entrelazadas las esposas; y por si esto fuera poco, amarrado a otro convicto con esa misma cadena. Estaba próximo a comenzar a vivir una experiencia que calaría hondas heridas en su vida. Experiencias que sembrarían semillas de amargura que tomarían profundas raíces.

¡ESTABA PROXIMO A EXPERIMENTAR LO QUE ES EL INFIERNO!

Pero, ¿cómo llegó este hombre a una situación tan difícil? ¿Cuáles fueron sus objetivos, ambiciones, metas?

Sigamos paso a paso el relato de su vida contada por el mismo protagonista.

5

Prólogo

*D*espués de muchos años de experiencias en el maravilloso mundo de los negocios he podido observar una serie de características de los hombres y las mujeres que participan de el. En este mundo tan fascinante existe un término que se usa mucho para describir al negociante o empresario que tiene un vasto conocimiento de "como es que se bate el cobre". Se dice de él: Es un hombre que ha conocido el mundo. Y eso es cierto. Mientras más puntos de referencia tiene una persona, más reales, permanentes y efectivas, en términos del mundo, serán sus decisiones. Conocer el mundo conlleva a vivir experiencias en el uso práctico del conocimiento humano. Desafortunadamente la visión de Dios en la vida del hombre de negocio no se ve como algo práctico y aunque la religión sí juega un papel en su vida éste no es lo que realmente debería ser.

Todo buen negociante reconoce la importancía de ir a la iglesia todos los domingos sobre todo si puede ir con la familia. Para él también es importante no perder ninguna de las reuniones de los Rotarios, el Club de Leones o hasta las reuniones de la Logia Masónica. Hay una tendencia generalizada a que el concepto de Dios se vea como otra agrupación mas que forma parte de la responsabilidad cívica y social. Es decir Dios, la religión o religiosidad se reducen a términos estrictamente de status.

Ningún hombre de negocio se conceptúa un hombre malo. La filosofía detrás de esto es que hay veces que hay que hacer cosas que uno no quiere hacer pero que se tienen que hacer porque la consumación del negocio así lo dispone. En otras palabras: negocios son negocios. No hay sentimiento de maldad ni de mala fe envueltos en estas decisiones, son sencillamente decisiones de negocio. Es como un juego de ajedrez en lo calculador y como cualquier deporte en lo competitivo. Pero a diferencia de los deportes donde se le da mucha importancia a la competencia, en este "juego" lo importante y primario es ganar.

Para la mayoría se ha presentado un cuadro de Dios que por la naturaleza de la forma de pensar de los hombres de negocios no es compatible en sus vidas. Hollywood invariablemente muestra a un hombre de pelo largo sin bañarse, en chancletas o descalzo que se pasea entre las multitudes de prostitutas, los enfermos, los analfabetos y los desvalidos. Lo único que se dice referente a su actitud para con los ricos y hombres de poder y negocio es que con toda probabilidad estos se irán al infierno. Y este es precisamente el pensamiento que prevalece en la mayoría de sus mentes. "Jesús o Dios es para los pobres, los viejos, los mediocres y todo aquel que busca una justificación para ser inepto. Si quieres progresar y hasta ser rico tú no puedes ser parte de Dios".

Como si esto fuera poco, la imagen mental que prevalece es la imagen de un Dios muerto. Hace dos mil años vino un Señor llamado Jesucristo hijo de Dios Padre que se hizo hombre, nació de María la virgen por obra y gracia del Espíritu Santo. Por nuestros pecados murió en la cruz, resucitó y se fue al cielo y allí espera hasta el fin del mundo cuando vendrá a juzgar a los vivos y a los muertos. Hasta aquí llego. Vino, trató, no pudo, lo mataron, y se fue a la huída al cielo otra vez. ¿Quien rayos quiere seguir a un Dios así?

!Ya eso pasó! Sí que es bonito y alentador pero eso ya pasó. Si; muy bien, algún día cuando yo no esté tan ocupado, cuando me retire me meto a eso. Cantaré unos coritos y meditaré en que algún día Dios me llevará a un sitio llamado cielo pero mientras tanto me tengo que defender por que yo estoy solo.

Aunque a veces nos cuesta trabajo admitirlo lo cierto es que la mayoría de los hombres de negocios ven a la religión en términos generales como la droga de las masas. La esperanza que se le da a los pobres y a la gente menuda para que sean apacentados.

El concepto de Dios desde el punto de vista evangélico sencillamente no se puede conciliar con el mundo de negocios. Yo he intentado exponer en este libro mis razonamientos acerca de Dios. He intentado plasmar en papel sentimientos que calan en lo profundo del corazón de muchos hombres y mujeres de negocio. Lo importante no es lo que yo hice o dejé de hacer. Si estuve preso o no. Lo importante es el desarrollo del razonamiento que culminó en la realización del descubrimiento de una verdad que logró hacer que mi yo interior armonizara con Dios.

La revelación más grande que he tenido en mi vida y que ha sido la responsable de que yo haya cambiado desde lo más profundo de mi ser, es el reconocimiento absoluto de que Dios es bueno. Este pensamiento en si cae sobre mí con tal impacto que provoca que se conmueva intensamente mi corazón.

Espero en Dios que según lean este libro puedan llegar a las mismas conclusiones y que éstas les lleven a ser hombres y mujeres de negocio de continuo éxito pero sobre todo con verdadera visión.

Capítulo 1

¿Quién soy yo?

Me llamo Miguel A. Serrano Arreche, y nací en Santurce, Puerto Rico el 19 de diciembre de 1949. A la edad de
un año mis padres me llevaron a vivir a los Estados Unidos.
Primero fuimos a vivir a Brooklyn donde estuvimos seis
meses y luego fuimos a Manhattan por un año y después
pasamos a Staten Island cuando para ir y venir de ese lugar
tenía que ser a través de una lancha que hacía esta travesía.
Allí viví en un proyecto público.
Frente a nuestro edificio había un parque donde aprendí
a patinar, andar en bicicleta, nadar, a dar y también a recibir
golpes. Aunque a veces pienso que un negrito que vivía por
aquellos lares me dio una dosis mucho mayor a mi de las que
yo le di a él. El curso de boxeo con ese prieto me duró cinco
minutos.
Fui a la escuela pública desde el primero al quinto grado.
Tengo dos hermanas, una mayor y otra menor —aunque
ambas alegan enérgicamente de que yo soy el varón primo-
génito y que ellas nacieron mucho después que yo—. Siendo
el único varón y dueño de una melena rubia, demás está
decirles de que yo era el favorito de la casa. De hecho, todavía
soy el favorito aunque hoy en día no soy rubio ni tengo
melena.
De pequeño, mis padres se ocuparon de ilustrarme en
muchas cosas. Participé en todas las actividades que se puedan

11

imaginar; fui niño escucha, monaguillo, pequeñas ligas, baloncesto, gimnasta y un sinnúmero de cosas más. Mi infancia, fue una infancia normal. No me acuerdo de peleas ni discordias entre mis padres quienes llevan casi cincuenta años de casados y parecen novios.

Con toda honestidad les puedo decir que mi juventud, en términos de relaciones paterno filiales, fue por encima de lo promedio. Cierto que mis padres pasaron amorosamente por muchas vicisitudes para llevar adelante a la familia, pero por más memoria que yo haga, no puedo pensar en tan siquiera un mal ejemplo que me dieran. Son la encarnación misma de una vida limpia, honesta, luchadora, pero sobre todo una vida llena de amor.

Desde el punto plenamente humano, a mi me gustaría poder tener alguna excusa válida que quitara de sobre mis hombros la responsabilidad de mis actos. De poder decir que yo fui una víctima de la sociedad, pero no existe. No puedo. Así que, he tenido que confrontarme con la triste realidad.

Existe una tendencia humana de culpar a otra persona por los problemas en que uno se mete. Que si yo me crié en un arrabal... que si mis padres se divorciaron... que si yo me crié pobrecito... que si *Santa Claus* no existe... que si esto... que si lo otro.

¿No se han fijado ustedes en el lloriqueo que usa la gente para echarle la culpa a algo o a alguien? Pues yo quiero hacer hincapié en que el único responsable de los errores ocurridos en mi vida he sido yo y *únicamente* yo.

Esto es bien importante, porque luego de analizar pragmáticamente todos los eventos de mi vida, me di cuenta de que el peor enemigo que tiene el ser humano y que le detiene en su búsqueda de la felicidad es: una buena excusa.

Siempre que uno pueda protegerse con una buena excusa, no tiene porque ir a buscar esa felicidad que otro le robó. Usted sencillamente no es feliz por culpa de "Pancho cara de queso". Les puedo asegurar que no fue hasta que yo acepté esta verdad indefectible que empezaron a ocurrir los cambios en mi vida.

Dios no tuvo la culpa, ni el diablo me torció el brazo, la decisión fue solamente mía. Así que si hay algún culpable ese soy yo. A lo hecho... pecho. Yo acepto esta responsabilidad. ¡Punto y amén!

Bien, continuando con mi relato... mi niñez fue una que aún hoy en día miro como algo bien lindo. Nosotros nos criamos en un ambiente donde se respiraba el amor. Eramos y todavía somos la luz de los ojos de nuestros padres; pero eso no quitó de que yo también pasara por los traumas normales de la niñez y que también tuviera mi buena dosis de zurras. No obstante, nunca fui maltratado aunque al igual a cualquier otro niño, cuando mamá o papá me pegaban yo estaba convencido de que me odiaban.

Papá (el sargento) no me dejaba pasar ni una, y mamá me dejaba pasar algunas. Y mi abuela que vivió con nosotros durante una temporada, me las dejaba pasar todas. Mi abuela me dejó pasar durante los primeros siete años de mi vida todo lo que yo pudiera hacer en el resto de ella. Cada vez que papi me iba a dar (y no eran consejos) mi abuela le decía: ¡Detente, Micky es hijo del amor! ¡Ah, que buenas son las abuelas!

Puedo decir a ciencia cierta de que tanto para la familia Arreche Prados como para la familia Serrano yo fui "el nene". No niego que cuando pienso en esos días me dan deseos de ser niñito de nuevo. Así que no te sientas mal si te pasa a ti también ya que lo anormal es que detestes tu niñez.

Yo compartí con muchas personas de distintos estratos sociales en la cárcel. Algunos tenían madres prostitutas y hasta drogadictas, padres distribuidores de droga o matones, y en cuatro años nunca, pero nunca, encontré a alguno que no hablara de los momentos bonitos de su niñez.

Hay tres eventos bien alegres de mi niñez. Uno fue el día en que mis padres me hicieron un cumpleaños de sorpresa y me regalaron una bicicleta. Otro fue el día en que mi papá me llevó a pescar a "Clove Lake" y yo cogí un pez. El otro fue el día que tuve el valor de romperle la boca de un puño al guapetón del barrio.

13

Recuerdo otros eventos que no fueron muy alegres. Por ejemplo, cuando yo tenía dos años me dio sarampión que se me complicó con pulmonía doble. Me tuvieron que internar en un hospital de enfermedades contagiosas. Allí me amarraron a la cama. Recuerdo ver a mi madre a través de una ventana especial, pero ella no podía entrar ni hablarme y yo le pedía, mamá agua, agua... la fiebre me tenía con una sed tremenda. Entonces vino un doctor y me dio un vaso —que para mí era gigante— y al tratar de beber el agua lo derramarme sobre mi cuerpo, y mi mamá me veía pero no podía hacer nada. Recuerdo lo mucho que yo quería que mi madre hiciera que esa gente mala me soltara las amarras. Pero mami no lo hacía. ¿Por qué? ¿Por qué me tienen aquí castigado? Yo soy un nene bueno. ¿Mami por qué? Mi mente de infante no entendía nada de esto.

Este evento me tuvo traumatizado por muchos años, pues sentía un rencor que me afectaba en mis relaciones con las personas. Fue la primera vez en mi vida que me sentí *solo y abandonado*.

Hubo otra ocasión que recuerdo en la cual me sentí solo y fue a la edad de cuatro años. Mi mamá estaba pendiente de hacerse una cirugía del riñón y la pobre pasaba por unos dolores terribles. Para suavizar la presión de tener que bregar con mi hermanita de tres años y conmigo de cuatro, mi madre nos puso en el *Mariners Harbor Nursery School*. Recuerdo claramente que yo no quería ir a este sitio. Esto es una conducta perfectamente normal para un niño de cuatro años. Creía que mi madre se estaba deshaciendo de mí y que no volvería a verla jamás. Yo no quería estar con esa gente que no conocía. No me gustaba su comida ni que me hicieran dormir la siesta. Recuerdo haber recibido más de una nalgada por este motivo. Yo no quería estar allí. Un día que mi mamá me llevó, peleé a patadas y puños y grité histéricamente. Sencillamente no quería estar allí.

Si bien es cierto que esta conducta es normal en un niño, también es cierto que lo que sigue no fue normal. Un día, me fugué trepándome por encima de una verja de ocho pies de alto y me refugié dentro de un tubo de acueducto que estaba en un parque cerca de la guardería. Estuve escondido allí por muchas horas, tanto que tuvieron que enviar a la policía a buscarme. ¿Qué había pasado en aquel lugar que me aterrorizaba? ¡No me acuerdo! Pero ni modo, mis padres me llevaron a la guardería de nuevo y tuve que soportarlo hasta que terminé el *kindergarten*. Este episodio fue mi segundo encuentro con los sentimientos de soledad y de abandono. No me volví a sentir solo hasta treinta y dos años después.

Estos dos eventos combinados moldearon desde muy temprano en mi vida una actitud en la que yo decía, que al final de la cuenta, cuando todo esté dicho y hecho; y cuando llegue el momento de la verdad, yo *estoy solo*. Esto no era un razonamiento que me hacía sentir mal, todo lo contrario, siempre entendí que era un razonamiento maduro y hasta llegué a vanagloriarme de que yo era como el "Llanero Solitario".

Digo esto a manera de datos sobre mi vida, pero lo cierto es que no creo que esta condición tuviera algo que ver con que yo hiciera las cosas que hice, aunque sí tuvo que ver mucho en cuanto a mi actitud con Dios. Cuando uno es niño no puede entender el por qué de las cosas, especialmente eventos como éstos que les acabo de describir, y aunque de adulto vine a entender lo que había pasado, ya el trauma llevaba decenas de años en mi subsconsciencia.

Haciéndome un autoanálisis, he llegado a la conclusión de que mi actitud hacia Dios —como un Dios que abandona a sus hijos al sufrimiento y a la soledad— tuvieron sus raíces aquí.

No hubo nada en mi niñez a lo que le puedo echar la culpa por lo que me pasó en términos de mis problemas con la ley. Al contrario, todo mi trasfondo de niñez indicaba que lo que pasó de adulto nunca debió haber pasado.

A lo mejor este libro lo lee un siquiatra y dice que en mi subsconsciente había algo que afectó mi vida. Pero yo sé, que lo que pasó fue, que *Jesucristo no estaba en mi vida y mucho menos en mi corazón.*

Les diré un secreto —y me prometen no decírselo a nadie—. Cuando me fueron a sentenciar, traté de explotar el ángulo de que yo no sabía lo que estaba haciendo. De que era una víctima de ciertas presiones de mi niñez y de la sociedad. Me enviaron un sicólogo y un siquiatra que me evaluaron por tres meses y luego sometieron sendos informes a la corte. ¿Saben qué? Lo que encontraron fue que yo lo que tenía era poca vergüenza. Dijeron ellos: "Este don Miguel tiene un coeficiente intelectual de 122 y debe de considerarse como una persona de nivel superior en cuanto a su adaptación a la sociedad y a los elementos que le rodean. Es un individuo de personalidad agradable y de un carácter imponente, etcétera, etcétera..."

¡Bueno por lo menos traté! ¡Ay Señor lo que hace la gente para huir de la responsabilidad!

Puerto Rico

Regresamos a Puerto Rico para junio de 1959. Yo tenía casi diez años y nos fuimos a vivir al Reparto Metropolitano, en el municipio de Río Piedras, y me matricularon en una escuela privada. Se supone que yo entraría al sexto grado pero como no sabía nada de español me hicieron repetir el quinto grado.

En junio de 1960 nos mudamos a Country Club también en Río Piedras. Me cambiaron de escuela. Esta era una escuela católica, donde continué mi educación desde el sexto grado en adelante. En aquel entonces el colegio estaba dirigido por frailes franciscanos de la orden de los capuchinos, quienes se encargaron de educarme en la doctrina del sacrificio, la humildad, y la pobreza por siete años, hasta que me gradué en 1967.

No puedo terminar mi relato de mi estadía en ese colegio solamente con un párrafo. Yo pasé unos años bien lindos en este colegio —aunque todas las monjas le dirían que fueron los peores de ellas—. Nunca he hecho un estudio sobre esto, pero la verdad es que yo era un terror ambulante. Les ponía tachuelas a las maestras, tiraba bombas químicas que apestaban a huevo podrido y hacía montones de maldades. Nada grave. Travesuras de estudiante... Las opiniones de los maestros puede que hayan sido diferentes.

En cuanto a mis estudios, yo perdía mucho tiempo. Los exámenes de habilidad siempre me situaban en el dos por ciento más alto del colegio, pero esto no se reflejaba en mis notas ya que en ocasiones, notas excelentes eran cambiadas a deficiente por conducta, por no hacer asignaciones, o porque sencillamente dejaba el examen en blanco para salir temprano de la escuela.

Yo estoy convencido de que Jesús vendrá por su Iglesia; vendrá por una sola Iglesia. Esa Iglesia no tendrá sobre el dintel de su puerta el nombre Bautista, Pentecostal, Adventista, Luterana, ni Católica, así que cuando en este libro hago referencia a una, lo hago sin intención de desmerecerla ni de contradecirla. Yo creo que el mundo tiene suficiente con un solo Dios todopoderoso y no necesita que Miguel decida quien está en lo correcto o no.

Este comentario es porque quiero apuntalar algo bien importante aquí; yo fui producto de la transición entre el *Primer Concilio Vaticano 1869-1870 y el Segundo Concilio Vaticano 12/25/1961-12/08/1965.*

Sin entrar en muchos detalles, lo que quiere decir esto es que entré en la doctrina cuando le era estrictamente prohibido a la iglesia interpretar la Biblia. Las doctrinas eran sometidas a las definiciones del Papa quien en su capacidad ex cátedra —según los romanos católicos— es infalible. Estas definiciones eran firmes y una vez hechas no estaban sujetas a interpretación y era ilegal el apelar las determinaciones y los juicios del pontífice, a algún Concilio Ecuménico como autoridad superior a la del pontífice. Las doctrinas solo podían enseñarse por individuos con grados de doctor en divinidad y éstos a su vez no podían ser laicos. Era obligatorio leer la Biblia en latín. De hecho, en aquel entonces, solo se podía estudiar de un "misal" o de libros especiales que proporcionaba el colegio. Las Biblias que no fueran en latín tenían que ser traducciones que habían pasado por un proceso bien estricto de censura y que luego tuvieran el sello de la oficina de censura del Vaticano.

Esta transición duró desde el comienzo del Segundo Concilio Vaticano el 25 de diciembre de 1961 y su clausura el 8 de diciembre de 1965. Fue un período de tumulto ya que los sacerdotes y sectas conservadores fueron lentos en implementar los nuevos cambios debido a que esa generación de sacerdotes y monjas ya están establecidos en sus maneras de ser. Por cierto, en el caso de los capuchinos franciscanos, el Vaticano tuvo que generar una orden rotunda referente a como ellos desempeñaban su forma de vida con relación a la pobreza y a las posesiones mundanas.

La forma de vida franciscana era: rehusar recibir dinero, tener solo lo absolutamente necesario, renunciar a todos los bienes materiales, incluso su propia ropa. Era una vida de votos de oración, penitencia y predicaciones de acuerdo a las reglas escritas por su fundador. Su empeño era la de ser servidores de los enfermos, los pobres, los desvalidos y los abandonados.

La penitencia por el pecado podía variar desde estar arrodillado por horas hasta flagelarse el cuerpo seriamente y caminar descalzo sobre piedras filosas.

Este era el ambiente en el cual yo fui educado. Era un ambiente de juicio, sacrificio, y obediencia ciega. No había lugar para usar los propios criterios. Lo que se enseñaba era lo correcto y punto.

Aprendí lo que era flagelarse, mortificarse, someterse a la obediencia, y sobre todo ser humilde. Léase en esto último, aborrecer el dinero y las riquezas. El sobresalir y desear lo mejor eran vanidades desmedidas. No había oportunidad de razonar las cosas y si lo hacías te exponías a ser sacado de la iglesia, o peor todavía, a ser excomulgado.

Dios era inaccesible por la plebe del mundo. Lo más que yo podría esperar a lograr sería suplicarle a la virgen María que intercediera por mí a Jesús. El Padre, El Hijo, y El

Espíritu Santo formaban parte de una trilogía divina que sólo podía ser alcanzada por el sacerdocio.

Me acuerdo vívidamente las veces que me arrodillaba por horas contemplando a Jesucristo crucificado y meditando extensamente:

El murió, el murió, sí el murió.
Mea culpa, mea culpa, mea culpa.
¡Por mi culpa Jesús está muerto!
Que pena... *¡Mi Dios estaba muerto!*

Por muchos años se me enseñó que Jesús murió por mi culpa, que él llevó sobre sí el castigo que me correspondía a mí. Que yo era un vil pecador, un escombro, un nada, un gusano arrastrándome por la tierra. Dios Padre estaba sentado sobre su trono preparado a destruir el mundo y a la humanidad con fuego, y la virgen María —la reina del cielo—, aguantaba su brazo de juicio como una madre protectora. La virgen vino a ser para mi una salvadora subrogada. El impacto de la doctrina mariana tuvo el efecto inexorable de convertir a Dios en un neurótico y a María como la madre buena que protege a sus hijos.

En fin, me gradué con la convicción de que para ser digno de la misericordia de Dios, uno tenía que ser sufrido y pobre. *Que Dios se glorificaba en el dolor humano.* Lo más que yo podría esperar de este Dios tan inaccesible era que no me castigara mucho. Si yo me ejercía en una vida de humildad, sacrificio y penitencia, El todavía me iba a castigar, pero no tanto. Además, Jesús para mí, en mi enfoque, era el más débil de entre Padre, Hijo, Espíritu Santo y la virgen María. El vino, trató de hacer algo, lo vencieron y luego lo mataron, pero antes de morir le entregó las riendas de la salvación a su madre.

Dios se molestó terriblemente de que no le dieran "un chance" a Jesús y era lógico que el Padre ofendido se la desquitara conmigo.

Juicio...el Dios que perdió quiere tomar venganza de los humanos. ¿Y qué rayos tuve yo que ver en la barbarie de la muerte de aquel llamado Jesucristo? ¿Qué pasa? ¿Por qué tengo que sufrir yo? ¡Dios no es justo! Demás está decirles que en términos espirituales me declaré un rebelde en contra de Dios.

Dios, llegó a ser para mí, una deidad con tendencias neuróticas, pendiente en todo momento de arrancarme la cabeza si yo me salía de la línea. ¡Pamplinas! *Yo no podía ser un cristiano, yo no podía creer en Dios.*

Dios —me decía a mí mismo—, *es para los pobres, los viejos, y todos aquellos que buscan una excusa para justificar su mediocridad.*

Estos sentimientos estuvieron bien arraigados en mi vida por mucho tiempo y fueron el motivo de grandes guerras emocionales. Para mí era fácil pensar y aceptar que la única persona con la cual yo podía contar era YO mismo. *¡Yo estaba solo!*

Al igual que muchas personas que he conocido, yo me sentía culpable porque quería amar y ser amado por Dios. Y me sentía culpable porque rehusaba someterme a lo que me habían enseñado como la verdad, y eso era un pecado. ¡Lo que hace la ignorancia!

Pero desafortunadamente me eduqué creyendo que amar a Dios era una debilidad. Que Dios no es un Dios justo y yo no quería aceptar eso, así que necesariamente me tenía que sentir culpable.

Luego del colegio católico ingresé en la Universidad de Puerto Rico y disfruté a la máxima potencia. Saqué la nota más alta de entrada en la Universidad. No me acuerdo bien pero fue un examen casi perfecto.

Aprendí muchas cosas en la universidad. Entre ellas me percaté de la existencia de una gran habilidad para el "rapeo" (el arte de hablar y no decir nada) y de una habilidad mayor para persuadir a las personas. Aquella educación que había recibido en el colegio católico, aquellos lavados de cerebro filosóficos de los capuchinos, las largas horas de disciplina mental, estaban dando su fruto. Pronto entendí de que las personas son víctimas de sus propios miedos sean estos reales o imaginarios. Entendí además lo que yo llamé el síndrome de la mediocridad. El ser humano tiene una tendencia de hacer las cosas para que se vean bien, pero no necesariamente que estén bien. O sea, lo que prevalece es la apariencia. Les voy a dar un ejemplo: a los estudiantes de primer año en medicina se les enseña a usar un estetoscopio, esto es algo bien básico. Usted camina por los alrededores de la universidad y reconocerá a todos los estudiantes de medicina porque andan con el estetoscopio alrededor del cuello como si acabaran de salir de la sala de emergencia de un hospital. ¡Pero, si a este nivel lo que están aprendiendo es a contar los latidos del corazón!

No hay nada de malo en querer tener una profesión. Lo que les quiero decir es que una gran mayoría de los estudiantes crea una apariencia de lo que ellos quieren y esto los hace susceptibles a ser manipulados.

Durante este tiempo en la universidad me hice de un Bachillerato en Ciencias con concentración en Biología. Durante este tiempo también adquirí una maestría en maquiavelismo. Sí señor, el libro "El Príncipe" por Nicolás Maquiavelo era mi manual de operaciones en aquel entonces. Este libro, que es considerado un manual de tiranos, dice entre otras cosas:

1. El fin justifica los medios.
2. El ser temido da más seguridad que el ser amado.
3. Un líder prudente no puede y no debe seguir una fe cuando el seguirla es una desventaja para él.
4. En los términos de Maquiavelo, el verdadero poder requiere de fortuna y virtud, siendo la virtud interpretada por fuerza y no en términos de virtud cristiana.

A los veinte años de edad mi mentalidad era estrictamente maquiavélica. Todas mis actuaciones las medía en relación al efecto que tendrían sobre otros para que a su vez tuvieran un efecto positivo para lograr lo que yo quería. Según los pensamientos filosóficos de Maquiavelo, la conducta que nosotros describimos como maquiavélica es la que él atribuyó como característica de los políticos. *El que tenga oídos para oír, oiga.* Así que en un mundo olvidado por Dios, definitivamente el fin justifica los medios. La religión es la droga de las masas. Es el lugar donde se refugian cuando no se pueden enfrentar a la vida. Es la manera de justificar su pobreza. ¡Deja que los mediocres tengan a Dios que yo me conformo con poseerlos a ellos! ¡Qué miserable, pensar que ésta era mi actitud en la vida!

Me gradué en 1971 y me casé dos meses después de terminar la universidad. Fue un matrimonio en el cual yo supe desde la misma luna de miel que había sido un error. Pero como mi orgullo no me permitía admitir que había cometido un error, honré mi matrimonio por ocho años que calaron en mi corazón profundas raíces de amargura. Pero esta es otra historia.

Comencé mi vida profesional de propagandista médico para un laboratorio y en cuestión de cuatro meses, me pusieron a trabajar por todo el Caribe como especialista en bancos de sangre. Mis amigos me pusieron el cariñoso nombre de "El vampiro". Hoy en día miro atrás y he pensado que aquel sobrenombre fue profético en cuanto a lo que me convertí. Después de un año me nombraron director de producción en el centro de plasmaferesis en Haití. El Vampiro se hizo cargo del banco de sangre más grande del Caribe, Centro y Sur América. Diariamente, seis días a la semana, le sacábamos medio litro de plasma a cada uno de los seiscientos haitianos que estaban tan desnutridos que le teníamos que administrar vitaminas y dar pastillas de proteína para que continuaran viniendo cada dos semanas. Teníamos una población permanente de donantes de unos siete mil. Les pagábamos veinte *gourdes* por sangría (equivalente a cuatro dólares) por lo que tenían un ingreso de quinientos gourdes al año —doscientos gourdes más al año que el ingreso per capita de Haití—. La compañía era responsable directa e indirectamente del diez por ciento del ingreso bruto nacional de Haití, por lo que cuando hubo un amago de un levantamiento militar, el presidente de Haití —en aquel entonces Jean Claud Duvalier—, decidió confiscar todas aquellas compañías que explotaban a los haitianos y me arrestaron. Estuve un día preso en la cárcel del palacio de Duvalier porque vinieron de la embajada norteamericana y me sacaron. Desde ese día tuve que ponerme paranoico ya que me habían sentenciado a ser despachado por el "tom tom macu". Pero para aquel entonces yo ya había sembrado terror entre la población. En la nómina nosotros también teníamos unos "tom tom macu" que le daban una paliza a cualquiera. Al poco tiempo salí de Haití sin más ganas de regresar ni para recoger dinero.

¡Algo me había pasado en Haití! Mi madre siempre había estado insistiéndome que yo fuera a la iglesia y yo siempre le decía lo mismo: "Mamá yo creo en Dios a mi manera pero realmente no me hace falta". Yo le decía a mis padres: "Ustedes vivieron una vida completa y ahora que están viejos se han metido a religiosos y no quieren que yo disfrute de la vida, *olvídate de eso y canta un tango*". Pero las oraciones de las madres que se levantan al Trono Celestial siempre dan resultado y en Haití yo empecé a experimentar deseos de buscar a Dios.

De regreso en Puerto Rico, en 1973, fui a una reunión de un grupo de católicos llamados "Los carismáticos". Esta época de mi vida espiritual fue un período de coqueteo con Jesús. Dentro de una mogolla de emociones y frustraciones (ya tenía serios problemas con mi esposa) y también por complacer a mis padres, acepté a Jesús y lo confesé como mi Señor. Ahora sí que se había formado un "arroz con pollo" (expresión criolla que significa 'situación caótica'). Entré a un medio ambiente que yo siempre consideré de mediocres, viejos e ineptos. Estuve unos cuatro o cinco meses en esto hasta que empezaron los chismes entre los hermanos. El Obispo ordenó que el movimiento que ya tenía el nombre de "Renovación Pentecostal de la Iglesia Católica" fuera estrictamente reglamentado. Me fui y le "eché la cruz" (maldición) a la Iglesia, a Jesús, y a Dios. Definitivamente Dios es la droga de las masas. Maquiavelo tenía razón "Fe" es una debilidad. Comencé a trabajar en la bolsa de valores en 1973 por casualidad. Rendí los exámenes de entrada y los aprobé. Luego tomé otros exámenes de personalidad y tuve que ir a tres entrevistas. Después de aprobar todos los exámenes y pruebas me enviaron por seis meses a Nueva York a tomar un curso intensivo de preparación para el examen de Corredor de la Bolsa de Valores. Después de todo esto me enviaron a continuar el entrenamiento por un período de casi un año. (Y pensar que hoy en día a los corredores los procesan en microondas. Tengo entendido que el entrenamiento ahora dura un mes.)

A los dos meses de ser corredor de bolsa, mi preparación en el área de matemáticas y de procedimiento científico, pero sobre todo, mi actitud de arrancarle la cabeza al que se me metiera en el medio, me llevaron a sobresalir de los demás corredores.

Yo iba a triunfar aunque tuviera que pisotear algunos "infelices" en el camino porque "yo me merezco triunfar porque tengo lo que se necesita. Soy mucho mejor que estos hombrecitos que me rodean".

"El mundo está en deuda conmigo así que a pagar se ha dicho. ¡Echa un pie al bote que aquí está tu domador!"

Capítulo 2

La dama y el plebeyo

*N*ingún testimonio se podría entender sin que antes se diera una explicación de las raíces de uno. Don José Ortega y Gaset en una ocasión dijo: "yo soy yo y mis circunstancias". Encuentro esto algo bien lógico. De hecho, según los sicólogos, las circunstancias de un ser humano durante sus primeros dos años de vida son las que forman su personalidad.

Por lo general, las circunstancias de los hombres son regidas por sus padres los primeros dieciocho años de vida, y después son influenciados por ellos otros tantos años. En mi caso, como verán más adelante, no fue así.

Me es grato hablar sobre mis padres, primero: porque aunque no siempre comprendí sus motivaciones o por qué hacían algunas cosas o las dejaban de hacer, sí entendí desde temprano en mi vida que mis hermanas y yo éramos la luz de sus ojos. Y segundo: porque su historia, en sí, es realmente jocosa.

Mi mamá y mi papá vienen de descendencias tan distintas que provoca gracia. De aquí el título que le he puesto a este capítulo. La dama, es mi madre y el plebeyo (dicho cariñosamente) es mi padre. De hecho este título me lo sugirió mi padre como representativo de la historia de ellos.

Intentaré darles un relato resumido de mis padres. Sus raíces, su encuentro, su noviazgo, su matrimonio y el ambiente en el cual criaron a sus hijos.

Doña Yolanda Catalina Arreche Prados. Mi madre viene de una larga línea de eruditos, de la realeza y de la sociedad. Sus raíces se extienden a más de quinientos años atrás en la Vascongada de España. Nació en una familia de poetas, educadores y escritores, siendo la penúltima de ellos compuesta por 14 hijos.

Educada en la delicada clase social de su época, estudió dietética en la Universidad de Nueva York, cuando las profesiones en las áreas médicas eran casi exclusivas de los hombres. Su familia descendía de la nobleza y alcanzó títulos importantes. Uno de sus hermanos, don Manuel, llegó a ser Presidente de Perú. Por lo demás todos han sido distinguidos educadores y escritores.

Durante el curso de su vida se ha desempeñado en muchísimas labores cívicas y sociales donde siempre le han dado sendos reconocimientos por su ardua labor. Ha escrito para periódicos y revistas con mucha aceptación. Siguió estudiando hasta llegar a ser maestra para niños con problemas de aprendizaje. Recientemente está escribiendo un comentario bíblico que será utilizado por su iglesia como referencia para enseñanza bíblica.

A los 67 años ha empezado a estudiar otra vez. Da clases de tutoría en su casa y aún saca tiempo para ser Ministro de Hospitales.

Doña Yolanda Catalina Arreche Prados, educadora, escritora, evangelizadora, cívica, una real dama, una mujer de Dios; mi madre.

Don Miguel Angel Serrano Serrano. Les quiero decir que mi papá es para mí un ejemplo del hombre luchador, del hombre que nunca ha permitido que las circunstancias de la vida le dominen. Es un hombre de carácter tranquilo, que con calma y valor sabe enfrentarse al mundo y dominar cualquier situación que se le presente. Yo siento una gran admiración por él. Mi padre es el ejemplo vivo de lo que quería decir el escritor Don Antonio Machado cuando escribió: "Caminante no hay camino, se hace camino al andar". Contrario a mi madre, papá no tiene una larga descendencia con raíces profundas. Mi padre es uno de tres hijos, dos varones y una mujer, nacidos del matrimonio entre Don Manuel Serrano y Doña Martina Serrano. Hasta ahí llegan las raíces legales de mi papá.

Continuemos ahora con su historia, muy distinta a la de mi madre.

Allá en las montañas de Aibonito en medio de las flores, los pájaros y donde la naturaleza muestra cada mañana su hermosura, nació Miguel, un niño como todos, que disfrutaba cada día su infancia.

Poco le duró esto ya que a los cuatro años de edad falleció su mamá durante la gran epidemia de influenza en 1919 y su hermana Carmen cuidó de él y sus dos hermanos como una verdadera madre.

Se crió rodeado de pobreza. Su padre se dedicaba al contrabando de licores durante la época de la prohibición en los años 1920-1930. También compraba, rebajaba y embotellaba alcohol que después vendía desde su casa que era una barra clandestina.

Los agentes federales hacían sus redadas en busca de los destilados etílicos. Invadían las casas rompiendo los pisos y algunas paredes buscando el material clandestino.

Mi abuelo fue descubierto en varias ocasiones por la policía, pero gracias a "ciertos arreglos" con los agentes nunca fue a parar a la cárcel.

En este ambiente de desvergonzados se fue formando mi padre aunque nunca fue parte de él. Su hermano mayor se batió a tiros con la policía y estuvo preso, pero él con su corta edad ganaba su dinero con honradez y trabajaba en lo que podía.

A los trece años murió su papá y quedó prácticamente desamparado. Solo pudo llegar hasta el octavo grado porque no había dinero para sustentarlo. Había que trabajar.

Dios veló por aquel jovencito y le envió sus ángeles; ángeles como Doña Mercedes Dalmau que se conmovió con él y lo quería como a un hijo. Hasta el día de hoy mi papá le agradece toda su ayuda.

Empezó a trabajar en el Banco de Ponce en el pueblo de Aibonito en Puerto Rico como mensajero ganándose $2.50 a la semana. Pero Dios le envió otro ángel, Don Agustín Verdier, gerente de ese banco que tomó un interés personal en el muchacho y quería verlo progresar. Llegó a ser cajero del banco, ganando $30.00 semanales, más de lo que ganaba un maestro.

Empeñado en mejorar sus circunstancias, ingresó de voluntario al ejército el 17 de marzo de 1941 y gracias a su gran deseo de superación ascendió a Sargento. Ganó varias medallas y condecoraciones por su excelente conducta en el ejército.

Un día, mi madre fue a visitar a la suegra de un hermano que se había casado con una muchacha de Aibonito. La madre de esa muchacha vivía en el campito, exactamente al lado de la casa donde mi padre se crió. Mi papá estaba de "licencia" visitando a sus hermanos y según me dice vio a mi mamá desde la ventana de su casa y le guiñó un ojo. Desde ese momento ambos estuvieron enamorados el uno del otro.

¡Dios aquí, le envió otro ángel... mi madre!

Su enamoramiento fue mas por carta que cualquier otra cosa. El en el ejército y mamá en la Universidad donde había ido a estudiar. Un pobre soldado y una estudiante. Un hombre huérfano que se levantaba de la nada y una dama de cuna noble... dos enamorados.

Se casaron el día 5 de enero de 1946 en Santurce, Puerto Rico en la iglesia San Jorge.

Mi madre fue un instrumento muy útil en la vida de mi padre, ya que ella lo motivaba para que se preparara y siguiera algún estudio.

Fue así que ingresó en la escuela *Central High* para hacer un curso superior de noche. Esto significaba mucho sacrificio para él ya que trabajaba de día y de noche iba a la escuela. Casado, con hijos y otra niña en camino no le sería nada fácil.

Sin embargo, fue un excelente estudiante y se graduó con altos honores.

Luego de haber vivido cuatro años en Puerto Rico, decidieron después de una revuelta nacionalista, que era mejor para la familia mudarse a Estados Unidos. Allí encontrarían mejores posibilidades de trabajo y un futuro mejor para sus tres hijos.

Yo tenía para ese entonces apenas trece meses de vida. ¡Rumbo a los Estados Unidos! A Nueva York, la ciudad de los rascacielos. ¡Qué cambio tan grande para esta familia compuesta de una dama, un plebeyo y tres niños!

¡Cuán lejos estaba yo de imaginarme hasta dónde llegaría con el correr del tiempo...!

Capítulo 3

Manual de operaciones

*E*n mis funciones como Analista Financiero, estoy constantemente utilizando computadoras porque me hacen la vida más fácil y práctica. Para usar este instrumento que tanto me ayuda a vivir una vida productiva, he tenido que aprender a usar el manual del sistema operativo utilizado por las computadoras; y yo uso este manual para hacer que mi computadora funcione.

Yo no sé exactamente cuáles son los procesos matemáticos y electrónicos que hacen que funcione mi computadora, pero si sé que si sigo las instrucciones que están en el manual del sistema operativo, la computadora hace lo que el manual dice que va a hacer. No solamente eso, sino que ese manual operativo me sirve para hacer funcionar cualquier computadora que use el mismo sistema operativo aunque no sea la mía.

Manual de la vida

En mi función como cristiano, hijo adoptivo del Dios viviente, estoy constantemente tratando de vivir una vida cristiana productiva. Para lograr esto he tenido que aprender a usar el *Manual de Operaciones de la Vida*. Dios sabía lo que estaba haciendo así que junto con mi existencia sobre esta tierra, me dejó provisto de un mecanismo que es claro, conciso y sobre todo práctico de cómo desempeñar mi vida sobre la tierra. Un manual operativo que yo puedo utilizar para mantenerme a flote en el océano de la vida; para no irme a la deriva. El me dejó su Palabra escrita conocida por todos como la Biblia pero por mi como el *Manual de operaciones*. He aprendido a usar este manual para hacer que funcione en mi vida. Yo no sé exactamente cuáles son los procesos universales ni las leyes espirituales que hacen que funcione en mi vida, pero si sé que si sigo las instrucciones que están en este manual, mi vida funciona de la manera en que este manual dice que va a funcionar. No solamente esto, sino que funciona en cualquier vida que use este Libro aunque no sea la mía.

Este Manual Operativo puede cambiar tu vida.

¡Esto sí que es una verdad!

Este manual no es un libro de poesía como dicen algunos ni un libro de historia como dicen otros. Este Libro es un Manual Operativo diseñado para que sirva de instrucción hoy.

Sí señor hoy en el siglo XX y en los siglos venideros.

Pero espera, sigue leyendo, estoy bien entusiasmado; estoy lleno de felicidad; estoy lleno de amor, ciertamente mi copa está rebozando. Siento una profunda alegría en tan sólo pensar que cuarenta años de naufragio pueden ser de utilidad para alguien que tal vez se encuentre como yo me encontraba. Sin rumbo, sin dirección y sin Dios.

Capítulo 4

El miedo y la avaricia

"**U**stedes estarán aquí durante seis meses. En esos seis meses aprenderán varios conceptos financieros. También se les enseñarán los reglamentos principales de cómo desempeñarse como corredor de la bolsa de valores. Quítense ese estereotipo de Hollywood sobre los corredores de valores como algo fascinante. Ustedes son vendedores sofisticados pero son vendedores. Venden un producto y cobran una comisión por ese producto que venden. Considérense privilegiados en contarse como vendedores en el campo más sofisticado y mejor pagado del mundo".

"*En cuanto al arte de vender, aprenderán a usar las dos potencias más devastadoras que controlan la conducta humana: el miedo y la avaricia. Que no lo engañen diciendo que es el amor, porque el amor es producto de una de las dos o de las dos*".

"*Si logran controlar o manipular la expresión de cualquiera de estas dos emociones sobre una persona, el bolsillo de esa persona le seguirá*".

"*Aquí les enseñaremos a cómo convencer a una persona a que voluntariamente saque su dinero de su bolsillo y lo deposite en el suyo*".

"*Ustedes deberán memorizar los reglamentos de Práctica Equitativa, (Rules of Fair Practice). Deberán conocer bien a sus clientes. Después de que ustedes cumplan con el reglamento todo es permitido*".

"Para evitar problemas no manejen cuentas de menores, ni de viudas, ni de ancianos".

Aunque esto le suene a ficción, lo cierto es que nuestro entrenamiento era así.

El entrenamiento de corredor de la bolsa de valores, es un entrenamiento que está diseñado para crear máquinas despiadadas productoras de dinero. El corredor tiene que pasar por varios exámenes psicológicos que determinen su agresividad, su capacidad de ser motivado por el dinero, su habilidad de convencer a otros, pero sobre todo su yo egocéntrico.

La ley del corredor, yo primero... yo segundo... yo tercero... y yo todo el tiempo.

¡Aquí sí que me sentía como en mi casa! Yo no sé cuándo sucedió pero en algún momento entre 1967 y 1971 algo sucedió. Me había convertido en un egocéntrico motivado exclusivamente por el dinero y sin sentimientos. Iría incluso tan lejos de describirme como un joven agnóstico, bien brillante, y bastante narcisista.

A ningún corredor de la bolsa de valores le interesa hacer algo por ti como favor o porque le seas simpático. Es mentira; no es la naturaleza de la bestia. Fuimos entrenados para buscar tus billetes y si lo podemos lograr sin afectarte demasiado, mejor todavía. Lo más importante para un corredor es ganar dinero. No dejes que alguien te insinúe lo contrario.

Yo estuve en ese entrenamiento intensivo por ocho horas diarias, cinco días a la semana, por seis meses, y esto sin contar las asignaciones kilométricas que nos daban. Nos ponían a practicar el uno con el otro. Nos daban dinámicas de conversaciones telefónicas simuladas diseñadas específicamente para llevarte a controlar cualquier situación.

Nos enseñaron a leer los movimientos del cuerpo y de los ojos, nos enseñaron a usar tácticas y movimientos del cuerpo, cabeza y ojos que ejercen influencia sublime sobre las personas.

Después de esos seis meses sólo sobreviven treinta por ciento de todos los candidatos a corredores que empezaron el entrenamiento. Los que sobrevivimos tendríamos un período adicional de un año de entrenamiento en nuestros lugares de trabajo respectivos, y de estos menos de la mitad lograrían calificar. De este quince por ciento, uno de cada diez se convertiría en un productor millonario. Un productor millonario es uno que logra generar un millón de dólares en comisiones para la firma de corretaje y de ese millón se le paga al corredor de entre veinte a cuarenta y cinco por ciento. *La naturaleza del negocio es tal que las firmas de corretaje tienen que, obligatoriamente tener un departamento especial para fiscalizar lo que hacen los corredores.* Este departamento se conoce entre los corredores como la "Gestapo" *(Compliance)*. Estos individuos no se casan con nadie.

Lo más probable es que ninguno de ustedes se entere de las cosas verdaderamente horribles que ocurren en la industria, y esto se debe a que es una claque exclusiva. Si eres parte del club estás protegido de la misma manera que la "mafia" protege a sus miembros. En momentos de problema se escoge un chivo expiatorio —y así como hacían los judíos—, todos expían sus culpas sobre él y lo sacan de la ciudad. Normalmente terminan destruyendo su vida.

Si los traicionas te dan "bola negra" (retirar la confianza) y lo mejor sería mudarte a otro país ya que en términos de negocio difícilmente podrás ganarte la vida.

Según estadísticas de la industria, el nivel de alcoholismo y divorcio entre la comunidad de corredores está entre las más altas de la nación norteamericana.

Pues bien, con este entrenamiento fue que llegué a la Bolsa de Valores. Si a esto le añades el hecho de que yo tenía una maestría en maquiavelismo y que me importaba tres pepinos aplastar a la plebe en mi búsqueda del éxito, demás está decir que yo era un problema buscando ocurrir.

Empecé a trabajar e inmediatamente le dediqué quince horas al día, siete días a la semana. Mi objetivo era no solamente ganar dinero, sino ser el mejor corredor de Puerto Rico. Como meta inicial me propuse ganar mensualmente lo que antes ganaba al año. Lo logré en un año. Al cabo de tres años ya mi nombre se conocía en toda la banca de Puerto Rico como un experto en finanzas. En cuatro años, me llamaban el genio financiero y después mi nombre fue asociado con éxito y prosperidad. Se decía que Serrano tenía el toque de Midas. Había personas que literalmente tenían que esperar hasta seis meses para tener una reunión conmigo.

Incluso llegó un momento en que los sindicatos que financian la deuda pública de Puerto Rico me llamaban para preguntar sobre mi opinión relativo a emisiones de bonos de los cuales yo en ocasiones vendía casi el total de la emisión.

¡Que tremendo! Si hasta la alta jerarquía del gobierno de Puerto Rico me contestaba las llamadas telefónicas.

Me enviaban a buscar príncipes árabes y grandes financieros mundiales. Viajé a los grandes centros de finanzas en Europa con el propósito de establecer una oficina de Banquero de Inversiones Internacional que estaría abierta veinticuatro horas al día y hacer negocios durante la mañana en Nueva York, por la tarde en Los Angeles y por la noche en Londres y Japón.

Para no dejar de hacer, hasta estuve en Beirut en medio de un ataque aéreo porque el "Frente de Liberación Palestina" quería hacer unas inversiones en el occidente.

Así que, al cabo de dos años me convertí en uno de los productores más grandes de Puerto Rico y al cabo de cuatro años, fui reconocido como uno de los diez corredores de mayor producción en los Estados Unidos. Fui seleccionado entre los diez mejores corredores de los Estados Unidos por siete años consecutivos.

Serrano, Miguel A., ejecutivo de inversiones, nació el 19 de diciembre de 1949, Puerto Rico. Padres: Miguel Serrano, Yolanda Arreche, ambos de Puerto Rico. Educación: Colegio San Antonio, Universidad de Puerto Rico. Logros: Vice Presidente Senior Ventas, a la edad de 28 años; miembro del "Milestone Club" reservado exclusivamente para ejecutivos que hayan logrado ser nombrado al "Presidents Club" en por lo menos tres años consecutivos y que hayan generado un mínimo de un millón de dólares en comisiones. El "Presidents Club" está reservado a su vez para los 25 mejores productores de los Estados Unidos en Blyth Eastman Dillon, ahora Paine Webber. Ambición: crear y ser el director de la primera compañía de Banquero de Inversiones Internacional con base en Puerto Rico. Entretenimientos: golf, caballos de paso fino, pesca, colecciones de arte y monedas. Dirección: Puerto Rico. [ID at 743].[1]

A la edad de treinta años fui millonario, y a la edad de treinta y dos, multimillonario.

A los 34 años de edad era el dueño de catorce pozos de petróleo en Tejas. Dueño de casi un millón de dólares en acciones de un banco en Puerto Rico. Tenía bienes raíces, caballos de paso fino, vivía en una mansión que tenía hasta un campo de tiro al blanco en el sótano.

¡El mundo estaba a mis pies y yo me lo iba a comer!

Ser millonario es una condición mental. Para ganar mucho y convertirse en un millonario tu mente tiene que pensar de una manera distinta. Tienes que aprender a ver el potencial de las cosas y de explotar ese potencial a su máximo. Si no tienes la mentalidad de un millonario, terminas botando el dinero. ¡No se puede pensar en recibir millones de dólares y administrarlos si se tiene una mente de quincallero! De la misma manera funciona el poder. El tener mucho poder requiere una condición mental especial. Requiere de gran sabiduría y una aun más grande conciencia social. Si se carece de este tipo de conciencia —como me pasaba a mi—, ese poder se convierte en algo peor que las drogas. Mientras más tienes más quieres. No puedes vivir sin él, incluso llega a convertirse en un deleite sensual. Algunos se podrán escandalizar con esto, pero lo cierto es que es la verdad y el que lo

---

1. Traducción libre de anotación del libro de reconocimientos *International Youth in Achievement*, edición de 1981.

niegue miente. Ejercer poder causa la misma sensación de satisfacción que el sexo. ¡Y ya sabes lo peligroso que es introducir a una persona a las relaciones sexuales, antes de que esté preparado para asumir la responsabilidad que conlleva el acto!

Capítulo 5

¿Y qué pasó?

Cegado por el poder y seducido por las sutilezas del dinero me entregué a una vida llena de vicios y corrupción. Ya ganar dinero no era suficiente. Tenía demasiado poder. "Yo soy el galán de la película, cuidado mundo que aquí vengo". Seduje, soborné, y destruí. "El fin justifica los medios" era mi lema al punto que todo lo podía justificar, no importa lo cruel o descarado que fuera. Estaba ciego con el poder; engrandecido por la fama.

¿Tienes una idea de lo que siente —saber, digo, realmente saber—, que el destino de muchos seres humanos está en tus manos? Si estás preparado se siente una gran responsabilidad social, pero si no lo estás te emborrachas de poder. Yo francamente encuentro difícil hallar una palabra adecuada para describir lo que se siente.

Si quieres ver este fenómeno en acción vete a las Cortes de Justicia. Vas a quedar realmente sorprendido. En el momento en que el Juez se pone su vestidura de juez (simbólica de su poder) su personalidad cambia dramáticamente.

Cuando yo negociaba lo hacía desde una posición de mucho poder. Me endiosaba de tal manera que estaba completamente convencido de que lo que yo dijera se iba a hacer, ¡punto! ¡La fe, aunque mal orientada y sin Dios, mueve montañas! Es una ley universal.

Yo literalmente, veía las cosas que no eran como si fueran; veía cuando se hacían en mi mente y estaba completamente seguro de que se iba a lograr. Llegué a sentir que si le decía a alguien: "Hoy te mueres", se acabó, se iba a morir ese mismo día.

Yo hacía mis "asignaciones". Cuando se sentaban frente a mi, aquello era algo así como Arnold Schwarzenegger dándole una bofetada a Madam Butterfly.[1] Sencillamente no había competencia. Yo sabía esto y me aprovechaba de esta situación, hacía lo que fuera necesario para que las balanzas del destino estuvieran a mi favor. Para mí la gente estaba hecha de melado. ¡Y el melado se lo comen las abejas!

Quiero que sepan que contrario a la leyenda que circula por ahí de mí, yo nunca robé, ni defraudé a nadie pero sí, bajo el amparo de la ley, hice el equivalente. Es decir hacía cosas legales que eran inmorales, de la misma manera que muchas personas de nuestra sociedad, dicen que matar niños antes de que puedan nacer será legal pero es inmoral. ¿Me expliqué bien? ¡Esto no es una excusa ni justificación! De hecho yo creo firmemente que las casas de corretaje tanto en Puerto Rico como en los Estados Unidos, deberían tener más control, no al nivel de productor, pero sí al nivel de gerencia ejecutiva.

Es una fábula, que con los controles que existen en la industria que reglamentan intensamente al productor, es prácticamente imposible que éste pueda hacerle daño a sus clientes, sin que la gerencia esté alertada desde el mismo día que ocurre la conducta delictiva. Por lo contrario, cuando la conducta proviene por actos negligentes o mal intencionados de la gerencia, son difíciles de detectar.

No les puedo relatar todas las cosas que ocurrieron durante este tiempo, porque sencillamente tomaría demasiado espacio. El material que yo he recopilado para documentar

---

1. El autor hace referencia a un conocido actor de cine, reconocido por su fuerza, y a la heroína de una opereta, frágil y delicada.

este libro está en diez y seis gavetas legales de archivos, conteniendo miles de páginas de información y más de setecientos artículos de periódico. Pero sí les voy a indicar que me dediqué a la tarea de destruir a seres humanos. Me explico.

Cuando alguien me decía:

—Aquel negociante que está allá, ese sí que es un tostón, no hay manera de que logres hacer negocios con él.

Yo les contestaba:

—¡Sí! Pues con ese es que yo quiero hacer negocios. Luego los envolvía de tal manera emocionalmente que eran como arcilla en las manos de un escultor. Lo primero que hacía era estudiar a esa persona. Aprendía todo lo posible. Que le gusta, que no le gusta; si tenía problemas económicos; si tenía problemas en el hogar; si tenía problemas personales, todo, todo. Era posible de que yo estudiara a una persona varios meses. Cuando sabía cuales eran los puntos —tanto fuertes como débiles— de su ego, y cuando yo ya sabía cual era *el son al cual iba a bailar el mono*, entonces, hacía mi movida.

Por lo general mi movida tenía la precisión de un cirujano y el impacto de un campeón mundial de pesos completos. La única palabra que puede describir el resultado devastador que ejercía sobre mi oponente es "fulminante".

¡No era el dinero sino la pelea lo que me gustaba! Era un juego de ajedrez, nada personal, yo solo quería ganar.

Estaba tan engrandecido que me llenaba la boca diciendo: "Lo único que necesito es sentarme frente a mi contrincante, si pestañea tan solo una vez, es mío". Que miseria, yo estaba fuera de control, estaba completamente atado. ¡Aun hoy tengo que doblar mis rodilla para controlar ese ímpetu que me dominó por tantos años! Gracias a Dios que todo lo puedo en Cristo que me fortalece.

Como no me importaban las relaciones en mi familia ni las relaciones con mis hijos, pues yo era el papá que tenía que ganar los chavos. Esa era mi excusa ahí. ¿Quién es el que trae las habichuelas aquí? ¡Soy yo! ¿Quién es el que paga el auto, y quién el que paga la escuela? Y toda esa zafra de sandeces que nosotros los humanos usamos de excusa para encubrir nuestras faltas. Como no me importaba nada de esto, pues menos me importaba el destruir a un hombre aunque este fuera un padre de familia. Así es que yo traía hombres —muchas veces decentes— a mi redil y una vez en mis manos, hacía con ellos lo que yo quería. Porque los manipulaba.

No quiero que piensen ni por un segundo de que estoy glorificando a ese viejo hombre en mí. Lo que yo hacía estaba muy mal hecho y me siento profundamente avergonzado de haber manipulado a tanta gente. Digo todas estas cosas porque yo sé que en el mundo de los negocios esta conducta es bien común.

Entiende esto, tarde o temprano te vas a mirar en un espejo y te vas a asquear contigo mismo. Me puedes creer, yo sé de lo que te estoy hablando. Mucho antes de ir a la cárcel yo ya me sentía como un vil desgraciado. Muchas veces me ahogué en la bebida y luego ventilaba mi frustración maltratando a aquellos a quienes yo más amaba. ¡Que canalla, chico! No cabe ningún otro adjetivo. La verdad es que Dios hace milagros tremendos en las personas que le reciben en espíritu y en verdad.

Esta manera de manipular me llevó de un departamento a otro hasta que entramos a las grandes ligas. Las grandes ligas donde era darse el traguito, subir a los clubes famosos, pasarse el plato con cocaína y después hacer negocios, si sobraba tiempo para eso. Los negocios se planchaban y simplemente se entregaban a las amistades.

Me acuerdo que en una ocasión me senté con mi papá y le dije:

"Papi, lo más que yo he deseado en mi vida profesional era llegar a la cima, quería estar en el lugar donde se fabrica el destino y se hace la historia y ahora que he llegado, me da nausea lo que veo. Papi, no hay dignidad, le he perdido el respeto a los líderes porque están hechos de plástico y son corruptos".

Te sorprenderías si te menciono los nombres de los hombres, mujeres, y corporaciones, columnas de este país, —personas que si tuvieras la oportunidad de conocer personalmente, las tratarías con gran respeto y hasta reverencia—, que se prestaban para estas fechorías, y más aún los políticos, que recibían disfrazado en forma de donativos, dinero por favores políticos. La lista es interminable: fiscales, abogados, jueces, presidentes de corporaciones, funcionarios del gobierno, padres de familia. ¡Dios mío! La lista no tiene fin. Pero como el propósito de este libro es edificar y no destruir, esos nombres se irán conmigo a la eternidad. Yo sé quienes son, ellos saben quienes son, y saben que... Dios sabe quienes son. Llegará el momento en que todo se sabrá y no porque salga de mi boca, sino porque Dios lo dice. Está escrito en el Libro de la Vida que todo saldrá a la luz. El Gran Libro se abrirá y todo el mundo sabrá todo. Hasta la página de tus secretos más íntimos, aquella que tu quisieras arrancar de la eternidad para que nadie viera. Esa página también aparecerá y todo se sabrá.

Sí señor, gigantes honorables, dones y señores, importantes, ecuánimes y prominentes, y yo era igualito que ellos: corrupto.

Sí, las grandes ligas donde se compran y se venden personas como si fueran automóviles. En este departamento también me distinguí y eso me costó cuatro años de cárcel.

Me viene a la mente una anécdota que yo usaba mucho cuando entrenaba a corredores en el arte de negociar.

"Un día un hombre de gran prominencia se encontraba en medio de una lujosa fiesta en un yate privado. La fiesta estaba llena de personajes de la sociedad y entre ellos una muy distinguida dama también del "Jet set". El hombre prominente se acercó a la dama y le dijo:

—Oigame doña fulana, hace tiempo que estoy interesado en usted y quisiera saber si estaría dispuesta a pasar la noche conmigo a cambio de un millón de dólares.

Doña fulana lo miró de arriba a bajo y le dijo:

—¿A dónde me llevarías?

43

El confesó —Iremos en mi Jet privado a Nueva York al Wardolf Astoria.

La dama estuvo de acuerdo y se fueron de la fiesta. Llegaron al Wardolf Astoria y una vez en el vestíbulo del hotel el hombre prominente le dijo:

—Oye, yo sé que en la fiesta te dije que si estarías dispuesta a pasar la noche conmigo por un millón de dólares, pero yo quisiera saber si estarías dispuesta a hacer esto por diez dólares.

Doña fulana le contestó profundamente indignada:

—Mire señor prominente, ¿quién se ha creído usted que yo soy... una prostituta?

El señor prominente le contestó con voz grave:

—Doña fulana yo ya se lo que usted es, lo que quiero ahora es negociar el precio".

Moraleja: Dadas las circunstancias adecuadas, el honor y la integridad tienen un precio y si puedes lograr que una persona ceda delante de ti alguna de sus convicciones morales es igual a una prostituta. Entonces será solamente cosa de negociar el precio.

¿Suena feo, verdad? Pero no te escandalices, este precepto es una ley universal. ¡Todo el mundo tiene un precio! Hasta nuestra salvación tuvo un precio: Jesús, El pagó el precio.

En términos mundanos, si quieres buenas notas en la escuela, tienes que estudiar; si quieres progresar en tu trabajo, te tienes que dedicar; si quieres que tu esposa te ame, la tienes que amar primero; si quieres un cuerpo musculoso, tienes que ejercitarte seis horas al día. Y así la lista continúa y continúa. Todo tiene su precio respectivo: para algunos dinero, para otros poder, amor otros y compasión aún otros. ¡Todo y todos tenemos un precio!

Capítulo 6

La consecuencia del pecado

Para cada acción hay una reacción contraria y de igual fuerza. Primera Ley Universal de Movimiento.

Isaac Newton.

No creas que me voy a poner muy filosófico aquí. Así tan fríamente como te dije que todo y todos tenemos un precio, también te diré que mi precio fue el poder. Mi precio fue pagado pero después yo tuve que pagar el precio... me atraparon.

Yo sé que a lo mejor esperas algo de más "cachee" pero lo cierto es que todas las personas que estuvimos envueltos en estos negocios sabíamos lo que estábamos haciendo y estábamos dispuestos a pagar el precio.

No nos motivaban sentimientos de lealtad o de honor, no nos movía nada bonito como la patria o el bienestar social. Poderoso caballero es don dinero, pero en lo que a mi respecta solo me movía el poder. Como le dije a mi padre en aquella ocasión: "Lo más que yo había deseado en mi vida profesional era llegar a la cima; estar en el lugar donde se fabrica el destino y se hace la historia". *Donde se fabrica el destino de las naciones y se hace historia;* eso sí es poder. Fabriqué mi derrota e hice mi propia historia. ¡Qué sutil es la seducción del mundo y cuán engañosas sus promesas!

Para mí pagar dinero a un funcionario público —ya fuera por soborno o a consecuencia de extorsión— era un costo de hacer negocios y lo veíamos como eso. Nada personal, solo negocios. Pues me atraparon, sin ton ni son. La ley de probabilidades en acción. Un día el gerente de operaciones de una conocida casa de corretaje de valores, estaba buscando un expediente del Municipio de Ponce, Puerto Rico, para una investigación de rutina que estaban haciendo los auditores e inadvertidamente sacó un archivo de la corporación que se usaba para hacer pagos a los políticos y se percató de ciertas irregularidades. Estos documentos estaban en los archivos confidenciales ejecutivos. Sin saber lo que tenía en sus manos se los llevó al gerente de la compañía quien obviamente no podía darse por entendido y tenía que decir que no sabía de qué se trataba, y cuando se le notificó al vicepresidente ejecutivo de la compañía en los Estados Unidos, quien le tenía que rendir cuentas a la junta de directores, él obviamente no podía admitir que había autorizado los pagos y así comenzó el escándalo de la conocida empresa.

¡La evidencia de los delitos de corrupción fueron encontrados por accidente!

Había que tirar una cortina de humo para engañar al enemigo y así como dice el refrán que la soga parte por lo más finito, yo vine a ser "honrado con el privilegio" de ser el crucificado. Nada personal; sólo negocios.

Entramos ahora en una etapa un poquito difícil. Hay aspectos del escándalo de esta empresa de valores en los cuales yo sencillamente no puedo entrar en estos momentos. No es porque no quiera sino porque pasaron muchas cosas y el caso es bien complicado. Hay muchas personas envueltas.

Firmemente, yo no creo que lograría nada espiritualmente positivo entrando en lo que pueda ser mi opinión o creando opiniones a favor o en contra de lo que pasó. Me limitaré a lo que es exclusivamente materia de récord en la corte y en la prensa.

Estamos frente a una situación que podría verse como una justificación, y yo no deseo ni por un momento, cederle a Satanás una puerta por donde podría tergiversar la intención de este libro en la mente de alguna persona y que consecuentemente el mismo le aparte en vez de acercarle a Dios. Lo que sí me interesa que sepan es: Que Dios es bueno, Dios cambia a los hombres que le reciben y que tú también puedes cambiar.

Quiero que las personas que estuvieron envueltas, ya sea como protagonistas o como antagonistas, como víctimas o como victimarías, lean este libro y no sientan el dedo acusatorio de nadie. Que vean sólo la misericordia de Dios.

Yo fui acusado en diecisiete cargos distintos en tres distintos pliegos acusatorios. De esas diecisiete acusaciones, siempre mantuve que yo era inocente de todas menos en una. Y de la que yo sé a ciencia cierta que era culpable, esa fue desestimada.

He vivido por muchos años bajo la sombra de unos crímenes que no fueron lo que se anunciaron ser. No niego que yo compraba y vendía personas, especialmente políticos, no niego que manipulaba a la gente y no niego que estaba ciego por el poder. Pero, si yo les estoy hablando de verdades y he hecho hincapié en lo importante que es la búsqueda de la verdad, no les voy a ofender con una mentira o con algo que sencillamente no es verdad. La verdad en este caso es algo que se ha mantenido oculta por mucho tiempo: la verdad es que fui mandado a ser silenciado.

Cuando hablé nadie me escuchó, porque era demasiado terrible lo que estaba ocurriendo, era demasiado increíble. En un mundo supuestamente civilizado, estas cosas se suponen que no ocurran.

Pero, mirando todo lo sucedido con ojos de "justicia salomónica" tengo que confesarles que tal vez yo fui preso por razones equivocadas, pero esto no significa que no era culpable de otras atrocidades por las cuales nunca fui acusado. Aún hoy siendo un nuevo hombre, encuentro difícil admitirlo. Es difícil para la carne admitir que erró. Por esto es que necesitamos del poder sanador del Espíritu de Dios. Dios perdona rapidito al hombre de corazón contrito, pero hace falta Su Espíritu para que nosotros nos podamos personar a nosotros mismos.

Pero la verdad es la verdad y seguirá siendo la verdad aunque a mi no me guste. Lo cierto es que en la corte lo menos que se dilucidó fue la verdad, y lo que se estaba buscando era una víctima. No había motivaciones honorables de amor o respeto a la sociedad por parte de los acusadores, ni en su corazón había vestigio de deseo por conocer la verdad. Había un chisme, un escándalo con ramificaciones políticas y esto se tenía que solucionar antes de que la "justicia y el gobierno" perdieran credibilidad. Nada personal, sólo negocios.

El propósito de este libro es edificar. Habrá otros libros y otros tiempos.

Yo creo firmemente que Dios está de acuerdo conmigo. Dejará los "dime y te diré" y me circunscribo a decir que Dios conoce el corazón de los hombres. Para El no hay nada oculto y mi paz es grande porque yo sé que mi Dios sabe todas las verdades del universo y El obrará conforme a sus riquezas en gloria.

Lo que realmente es lo más importante de todo esto es que el pecado tiene sus consecuencias.

Ahora bien Dios nos ha dado libre albedrío. Dios nos ha dado una selección:

A los cielos y a la tierra llamo por testigos hoy contra vosotros, que os he puesto por delante la vida y la muerte, la bendición y la maldición; escoge pues la vida, para que vivas tú y tu descendencia.

Deuteronomio 30:19

Porque ciertamente la paga del pecado es muerte.

Romanos 6:23

¡El precio del pecado es la muerte!

"Dios mismo en persona te dice: ...*Yo pongo delante de ti la decisión de determinar si quieres hacer el bien o el mal, escoge el bien para que vivas ya que el mal acarrea maldición y muerte. Eres tú ya grandecito, así que decide tu mismo lo que quieres hacer. A mi no me vengas a echar la culpa después, y dale un "descanso" al diablo porque él tampoco tiene la culpa"*.

Te quiero ilustrar algo aquí y si en este momento estás pasando por una situación crítica que te ha puesto a pensar, "esto es injusto", "¿por qué me está pasando esto?", esto es para ti.

Acción y reacción

A Tommy le gustaban las cosas buenas de la vida, si señor, le gustaba beber, fumar, darse un pasesito de vez en cuando (usar cocaína) tal vez un motito (cigarillo de marihuana) por las tardes. Era el alma de las fiestas y para él todo era un relajo. El ser casado no le estorbaba ya que sedujo a su esposa a que compartiera las cosas que él hacía. Qué parejita, quien los viera en las orgías lo mismo se echaban con alguien del mismo sexo que del sexo contrario. ¡Esto sí era vida!

Después de algunos años en esta poca vergüenza, un día se encontraron con Ramón y él les habló de Jesucristo. Después de reunirse con ellos varias veces, ambos, milagrosamente confesaron y recibieron al Señor Jesús.

Tommy y su esposa se convirtieron desde el tuétano. Dejaron de fumar y beber. Dejaron de usar coca y marihuana y dejaron las orgías. Tommy comenzó a estudiar en un instituto teológico y su esposa trabaja activamente en el ministerio de la juventud de la iglesia en donde perseveran.

Ya han pasado cuatro años desde que Tommy y su esposa se entregaron al Señor Jesús. Se han convertido en columnas dentro de su iglesia. Dios los ha bendecido y prosperado en gran manera y ahora recientemente, tuvieron un niño lindísimo.

Tommy llevó a Andresito a la iglesia para presentarlo cuando el niño tenía tan sólo ocho días y todo parecía que estaba bien.

Un día Andresito se enfermó. Lo llevaron al médico pero no le encontraban nada. El niño se iba poniendo más y más débil hasta que lo llevaron al Hospital del Niño en el Centro Médico; allí le hicieron varios exámenes hasta que por fin el niño fue a parar a las manos del doctor Maldonado, un prominente Hematólogo. En cuestión de par de días llegaron al diagnóstico de la enfermedad que aquejaba a Andresito: Síndrome De Inmuno Deficiencia ¡SIDA!

Tommy y su esposa eran ambos portadores de la terrible enfermedad que fue contraída en algún momento a consecuencia de las orgías a las que iban. El mundo se les vino abajo. Clamaron a Dios y fueron a recibir consejo del pastor.

—Pastor —decía Tommy—, yo amo a Dios, mi esposa ama a Dios, durante los últimos cuatro años le ha venido sirviendo en espíritu y en verdad. Cuando nació mi hijo se lo dediqué al Señor y le agradecí a Dios que me hubiera permitido tener un hijo. ¿Por qué Dios me está haciendo esto si yo llevo cuatro años sirviéndole incansablemente? ¡Esto no es justo! ¿Porqué me está pasando esto?

En el mundo a esto se le llama la "pregunta de los sesenta y cuatro mil dólares" y viene de una tendencia humana de suponer que las consecuencias de lo que uno hace, quedan congeladas al instante en que uno se arrepiente. ¡Esto no es cierto! Tampoco existe un sitio de antesala al cielo donde te vas a purgar, a expiar tu culpa. Lo que aquí haces, aquí lo pagas. Dicho bíblicamente: *Todo aquello que el hombre sembrare esto cosechará.*

Si Dios fuera el responsable de mi "castigo" sería lógico que al yo pedir perdón por lo que hice El me perdonara la consecuencia. Lo que pasa es que Dios no es responsable de la consecuencia. El problema es que tampoco el diablo es el responsable.

Dios creó leyes universales que funcionan a tu favor o en tu contra dependiendo de ti. Pero una vez en función estas leyes, El no las puede parar. No porque El no tenga el poder sino porque si lo hace estaría violando una ley establecida por El mismo. Cuando se ponen en movimiento leyes universales de "causa y efecto" de "acción y reacción" esos efectos y/o reacciones no se pueden parar. Hay que "torearlos". Perdonado sí, salvado sí, merecedor de la gracia de Dios sí, pero a lo hecho pecho. Hay que vivir con las consecuencias de lo que uno hace. Date cuenta de esto y no le eches la culpa a nada ni a nadie, y verás como las cosas se te harán más fácil tolerar.

No hay palabras para describirles lo profundamente que yo me he arrepentido por muchas de las cosas que hice en mi vida. Pero francamente, eso en nada aminora las consecuencias de lo que hice.

Fui preso por casi cuatro años. Salí de la cárcel y me ha seguido el estigma de ex convicto... se le hace difícil a las personas del mundo confiar en mí. He tenido que luchar arduamente para mantener mi familia. En ocasiones me he presentado delante de mi Señor gimiendo, suplicando por fortaleza, pidiéndole que me de fuerzas para pelear la buena batalla. Estoy como Tommy; yo amo a Dios, mi esposa ama a Dios, durante los últimos años le ha venido sirviendo en espíritu y en verdad. Cuando nació mi hijo se lo dediqué al Señor y le agradecí a Dios que me hubiera permitido tener un hijo. Y ahora mismo mientras lees este libro todavía vengo pasando por circunstancias que me causan trabajo aceptar. Estaría yo en lo correcto diciendo: ¿Porqué Dios me está haciendo esto?...Si yo llevo dos años sirviéndole incansablemente. ¿Verdad que no?

Te pregunto a ti: ¿Es esto injusto o es la consecuencia inexorable de mi propia falta? Quiero que pienses detenidamente. ¿Quién tiene la culpa? ¿Dios o Miguel?

¿Ven lo fácil que es? Cuando uno se sienta y medita detenidamente en estos asuntos, tiene que razonablemente concluir de que el castigo como herramienta divina utilizada por Dios, no existe. Lo que sí existe es la consecuencia normal de una ley universal de causa y efecto. Tú no eres una marioneta del circo griego. Tú decides tu futuro hoy. ¿Quieres dejar de sufrir? ¡Entonces detén el péndulo! Es tan fácil como quitar la mano de sobre la hornilla caliente y ya no te quemarás. Pero eso sí, la mano seguirá quemada y después de un proceso de restauración quedará sana. ¿Me estoy explicando bien? La quemadura me va a doler y va a tomar un tiempo en sanar, no hay nada que yo pueda hacer para cambiar eso. Pero como ya no me estoy quemando más con la hornilla, pronto estará bien. Así pasa con el pecado y sus consecuencias.

Las consecuencias de las cosas que yo hice son realmente material de una película *best seller*. De momento ser armó un corre y corre. Todo el mundo que tenía algún esqueleto guardado en el *closet* (algo que hizo indebidamente y que ha mantenido oculto en secreto) empezó a buscar trabajo en otras casas de corretaje alegando que en esa compañía había muchos problemas con la gerencia. Alcades, asambleistas, productores, gerentes, vicepresidentes ejecutivos, y otros muchos empezaron a apuntarse el dedo el uno al otro. Hubo amenazas de muerte, de demandas y de que se yo que otra cosa. ¡Ay, ay, ay, la maquinaria de las consecuencias había empezado su inexorable y fulminante curso. A la música de mentiras todos nos fuimos a jugar a las "sillas musicales".

¡El que no tuviera silla cuando se acabara la música ese perdía!

Capítulo 7

Sillas musicales

Martes, 18 de octubre de 1983
Suena el teléfono:
—Hola, Serrano en este lado del bejuco (léase teléfono).
—¿Miguel? Es Sancho.
—Eh líder, ¿como estamos?
—Mira Miguel, no te puedo hablar mucho porque no quiero que me escuchen. Tenemos un lío formado con esa corporación tuya y con el municipio de Ponce.
—Pues mira a ver lo que haces porque aquí estamos juntos y revueltos. Y quiero que sepas que ya me llamaron desde Ponce y me dijeron que tú te estás haciendo el loco.
—Mira, Miguel, yo creo que si tu vienes a Puerto Rico podríamos dejar este asunto solucionado. ¿Crees que puedas llegar aquí para una reunión el jueves?
—O.K. Sancho, pero es mejor que te pongas de acuerdo con todo el mundo porque yo no estoy dispuesto a cargar con el muerto solo (aceptar responsabilidades).
—Cuando llegues me llamas y luego nos encontraremos en mi casa de campo en Cayey a las 7:30 de la mañana para poneinos de acuerdo en la presentación que se le va hacer a los abogados y auditores en la reunión de las 11:00, ¿O.K.? ¡Pero no le digas a nadie que te vas a reunir conmigo!
—O.K. Me voy a encontrar contigo y no te apures lo mantendré en secreto. *Bye. [Adiós].*

53

Miércoles, 19 de octubre de 1983

Salí de Midland, Tejas, llegué a Puerto Rico y enseguida hice las llamadas pertinentes. Una de esas llamadas fue a una persona especial.

—Hola, mira fulano mañana a las 7:30 de la mañana, me voy a encontrar con Sancho en una reunión secreta en su casa de campo en Cayey para luego ir a otra reunión a las 11:00, en las oficinas de los abogados. El hombre sonaba medio desesperado así que quiero que estés pendiente, si no oyes de mi en o antes de las 10:30 de la mañana, es que algo ha pasado. Tú sabes donde están todos los archivos y si pasara algo entrégale todo al *Securities Exchange Commission*. *Bye.[Adiós]*.

Jueves, 21 de octubre de 1983

—¿Bueno, Sancho que vas a hacer?

—Miguel, lo único que quiero decirte es que ya yo les he hablado y les dije que tú irías hoy a reunirte con ellos. Ya yo los apacenté. Les dije que estábamos trabajando en unas transacciones especiales y que yo estaba al tanto de lo que tú estabas haciendo. También les dije que te había dado permiso para hacer transacciones fuera de la firma, y que la transacción del préstamo a UTI era una transacción personal. Yo les dije que en cuanto al Municipio, que estas transacciones fueron aprobadas por mí, y que si había que deshacerlas lo podríamos hacer. No te preocupes. Es importante de que te presentes. Yo voy a salir primero luego dame unos treinta minutos y sales tú, así no llegaremos juntos.

—No hay problema Sancho.

Comienza la música

El jueves 20 de octubre de 1983 entré a las oficinas de los abogados de la compañía en Hato Rey y fui enviado al salón de conferencia donde me encontré con la sorpresa de mi vida. Estaban en aquel salón todos los "cocorocos" de

54

Compliance de la compañía, también los abogados corporativos, y algunos miembros de la Junta de Directores. Había traductores y hasta taquígrafos. ¡El comité de inquisición estaba listo para cortar la cabeza a Miguelito! Sancho me había entregado para salvarse. Ya había comenzado la música...

—Señor Serrano, tenemos información de varias personas de que usted es el que ha orquestado todas estas transacciones en el Municipio de Ponce. ¿Qué tiene usted que decir sobre esto?

—Miren señores —respondí—, todas las transacciones que yo hice las hice con las autorizaciones pertinentes. Y para su información... bla, bla, bla,...le, lo, lai...

Salí de la reunión con el Comité de Inquisición, bien molesto. Ese Sancho había ganado el "primer round" de la pelea. ¿Y ahora qué voy hacer? Ya se, me meteré en la boca del león. La mejor defensa es una buena ofensiva. ¡Adelante!

Yo ya había estudiado al comité y había determinado que un individuo llamado Juan sería el más accesible para una "confesión" privada.

Invité a Juan a tomarse una cerveza conmigo para así poder hablarle en privado. Tenía que buscar un ángulo y lo único razonable que podría hacer era sencillamente decirle la verdad, pero de una manera convincente. Por lo que yo había visto, todos menos él estaban convencidos de que el único responsable de todo el escándalo era Miguel Serrano.

—Juan —le dije—, quiero que sepas...le, lo, lai...

—Miguel —él me dijo—, ¿estás dispuesto a repetir todo lo que me has dicho aquí bajo juramento y en presencia de testigos?

—Sí —le contesté.

El viernes 21 de octubre de 1983 yo dirigí una orquesta sinfónica. Me puse las botas mientras interpreté para el público presente la última versión en fa menor de todo el drama. ¡Atención! Uno, dos, tres... la sinfonía.

¡Bravo! ¡Magnífico! —el público se puso histérico— ¡Queremos sangre!

Cinco días después de la magnífica interpretación de la sinfónica, comenzaron a rodar las cabezas. Los cuatro jinetes del Apocalipsis (Guerra, hambre, plaga y muerte) venían galopando. El día del juicio se aproximaba. ¡Apúntale del segundo al séptimo "round de la pelea" a Miguel! Para aquella época yo me había endiosado de tal manera que sencillamente no era computable la derrota. Para mí, esta batalla era tan solo otro juego en el cual yo —como de costumbre— iba a ganar. Mis contrincantes eran unos ineptos incapaces de tener el corazón para hacer lo que se tenía que hacer. Yo sí. Eso de sentimientos de lealtad no estaba en mi diccionario. ¡Mira eso compadre! ¡Y que ponerse a bailar en la casa del trompo!

Viernes, 28 de octubre de 1983

Comienzan los periódicos sus publicaciones de todo el drama y al son de la sinfónica:

Irregularidades con valores locales

"Un aparente escándalo de enormes proporciones en la industria de corretaje transcendió ayer a través de todo el sector financiero de Hato Rey. Fuentes informadas reportaron que el gerente general de una de las firmas de corretaje de más prestigio en el continente, había sido suspendido de sus funciones administrativas, su oficina había sido trancada con una tabla y un candado y sus operaciones estaban siendo investigadas por los auditores de la compañía y por otras entidades... 'La cosa está feísima' dijo una fuente informada. 'Hay de todo. Transacciones mal hechas, malversación de fondos, compañías fatulas en los libros. De todo', añadió la fuente.... Fuentes de la industria señalaron que ésta es solo la última de una larga serie de dificultades que ha enfrentado esta casa de corretaje en los últimos meses. 'Se ha ido mucha gente', dijo una fuente."

La suerte había sido echada. ¡El campo de batalla sería la prensa! Así que nuestra canción también se llevó allí. Hay unos setecientos veinte artículos que salieron entre el 28 de octubre de 1983 hasta el día en que me sentenciaron finalmente en octubre de 1985. Así que solo pondré algunos titulares y alguna que otra estrofa de la música más importante.

Sábado, 29 de octubre de 1983
HACIENDA INVESTIGA LOS VALORES
"Con toda probabilidad el Departamento de Hacienda intervendrá la semana que viene en la investigación de la firma de corredores según lo confirmó el director del Negociado de Valores de Hacienda...

Martes, 1 de noviembre de 1983
DOS MILLONES PERDIDOS EN EL FRAUDE.
"La sorpresiva suspensión del gerente de una importante casa de corretaje, se debió principalmente al descubrimiento por parte de los auditores de la firma de una seria irregularidad en los libros. Fuentes de entero crédito reportaron a los rotativos que unos $2 millones de un financiamiento bonafide de $45 millones para una firma de Ponce, realizados con fondos 936, fueron desviados a una corporación 'pantalla' que aparece en los libros de la firma de corretaje.

Según las fuentes, la auditoría comenzó hace algunas semanas como una cuestión rutinaria al iniciarse el análisis financiero que precede a cualquier financiamiento propuesto. Pero al revisar los libros los auditores encontraron una seria anomalía e inmediatamente le avisaron a la oficina de auditoría central de la firma localizados en el Continente. Hasta la fecha la auditoría de emergencia ha resultado en la suspensión del gerente de la firma y ha causado un enorme malestar en la industria de corretaje en la isla..."

Jueves, 3 de noviembre de 1983
ADVIERTEN MAL USO DE FONDOS 936

"Los auditores de una importante firma de corretaje fueron alertados de la posibilidad de mal uso de fondos 936 en su sucursal local cuando encontraron en sus libros que Miguel Serrano, corredor de esa firma para aquel tiempo, estaba a su vez incorporado a una compañía que aparentemente fue utilizada para canalizar fondos 936 indebidamente, según dijeron fuentes confiable. A raíz de ese hallazgo inicial que sucedió hace algunas semanas, los auditores de la firma iniciaron una investigación masiva sobre las operaciones de la subsidiaría local y suspendieron al gerente de la sucursal.

Viernes, 4 de noviembre de 1983
UN ASAMBLEISTA EN EL ESCANDALO

"Un prominente funcionario de Ponce fue señalado ayer por primera vez desde que comenzó el escándalo multimillonario de una importante firma de corretaje, como el vínculo entre el Municipio de Ponce, una firma privada 'pantalla', y la conocida compañía de corredores de valores".

Sábado, 5 de noviembre de 1983
VIGILABAN LA SUCURSAL DE VALORES

"Fuentes informadas dijeron ayer que con toda seguridad la alta gerencia continental de la importante casa de corretaje tenía conocimiento hace meses de que algo andaba mal en la sucursal puertorriqueña de la firma. Las fuentes informaron que hace algunos meses, el vicepresidente ejecutivo de la firma tuvo que tomar la responsabilidad ante la Junta de la compañía por unas transacciones realizadas en la sucursal puertorriqueña, que no cumplían con las reglas de la industria. Las fuentes añadieron que, a pesar de que la gerencia continental estaba consciente desde hace algún tiempo que se estaban realizando transacciones indébidas en la firma, no había tomado acción alguna al respecto..."

Martes, 8 de noviembre de 1983
LA CAMARA INVESTIGARA AL MUNICIPIO
DE PONCE

"Ponce. El presidente de la Comisión de lo Jurídico Penal de la Cámara de Representantes, anunció que el próximo viernes iniciará una investigación legislativa en torno a posibles irregularidades de la administración del alcalde de Ponce. Adelantó que citará a declarar a personas vinculadas con la Ponce M.A. Developers, a la que imputan supuestas irregularidades y posibles violaciones a la ley 936. El legislador popular dijo que también citará a funcionarios municipales y se espera que el alcalde tenga que acudir a deponer. El alcalde anunció que ha ordenado una pesquisa administrativa y detuvo una gestión para conceder $45 millones a la Ponce M.A. Developers, que construirá viviendas municipales".

Miércoles, 9 de noviembre de 1983
USARON A UN AYUDANTE DEL ALCALDE

"El alcalde de Ponce admitió ayer que Miguel Serrano y un gerente de operaciones, siendo aún empleados de la firma de corretaje, convencieron a un empleado del municipio para autorizar unas transacciones financieras indebidas de la Corporación de Desarrollo de Ponce [CDP].

Sábado, 12 de noviembre de 1983
"COMPLICADA" LA INVESTIGACION

"La secretaría del Departamento de Hacienda dijo ayer que hay contradicciones en el testimonio de varias personas que han comparecido ante Hacienda en relación con la investigación de la firma de corretaje. Su afirmación inicial fue en contestación a una pregunta que un representante le hiciera en el transcurso de una vista pública celebrada ayer por la Comisión de lo Jurídico Penal de la Cámara para iniciar su propia investigación del caso. 'No es nada fácil (la investigación) cuando cada uno quiere salirse del lío', añadió la secretaria en un aparte con la prensa una vez terminadas las vistas. Las contradicciones que mencionó la Secretaría parecen girar principalmente en torno a varias declaraciones que han hecho algunos funcionarios del Municipio de Ponce, sobre la aprobación municipal de transacciones financieras con la firma de corretaje. 'Es una investigación extremadamente complicada', añadió el secretario auxiliar a cargo de asuntos financieros quien acompañó a la secretaria a las vistas de la Cámara. No sólo hay envueltas varias firmas privadas y gubernamentales, sino que son varias las transacciones que Hacienda tiene en la mirilla. La situación se complica aun más porque 'cada uno que habla dice una cifra distinta', dijo la secretaria..."

Martes, 15 de noviembre de 1983
HACIENDA DENUNCIA UN PRESTAMO MILLONARIO

Jueves, 17 de noviembre de 1983
OTORGARON EL PRESTAMO A ESPALDAS DE LA JUNTA

"El préstamo de $14 millones recientemente otorgado a una empresa de Indianapolis por el Home Federal Savings de Ponce, no fue aprobado por la junta de directores de esa institución, según reveló ayer un director de esa institución..."

Viernes, 9 de diciembre de 1983.
TRIPLE INVESTIGACION EN EL CASO DE CASA DE CORRETAJE

"Ponce. Dos agencias estatales y una federal realizan una pesquisa sobre posible irregularidades por parte de funcionarios de la firma de corretaje a la Ley 936 anunció ayer el jefe de los fiscales en Ponce".

Jueves, 22 de diciembre de 1983.
RENUNCIA EL ALCALDE DE PONCE

"Ponce. El alcalde novoprogresista confirmó anoche que sometió su renuncia al gobernador, pero aclaró que la misma está condicionada a que un reporte médico que recibirá antes del diez de enero, indique que no pueda seguir trabajando..."

Sábado, 28 de enero de 1984.
HACIENDA CITA A SERRANO

Martes, 14 de febrero de 1984.
EL ALCALDE PRESIONADO POR LA FORTALEZA

Miércoles, 15 de febrero de 1984.
SERRANO COMPARECE A LAS VISTAS DE HACIENDA

Viernes, 24 de febrero de 1984.
RECLAMAN UNA INVESTIGACION A ALCALDE DE PONCE

Sábado, 10 de marzo de 1984.
SILENCIOSA LIMPIEZA EN LA ALCALDIA DE PONCE

Jueves, 22 de marzo de 1984.
INVESTIGACION FEDERAL DE CASA DE CORRETAJE

Martes, 27 de marzo de 1984.
IMPLICAN A ALCALDE EN UN FRAUDE DE BONOS

Miércoles, 28 de marzo de 1984.
"DESAPARECEN" $660 MIL DE LAS ARCAS DE PONCE

Domingo, 1 de abril de 1984.
TRAS LA PISTA DE CASA DE CORRETAJE

Miércoles, 4 de abril de 1984.
OTRO IMPLICADO EN EL CASO DE CASA
DE CORRETAJE

Miércoles, 11 de abril de 1984.
EN LA LISTA DEL FBI LOS DEL ESCANDALO DE
CASA DE CORRETAJE

Domingo, 15 de abril de 1984.
INFORME DEL CONTRALOR SOBRE ALCALDE
DE PONCE

Miércoles, 18 de abril de 1984.
NIEGAN INMUNIDAD A DOS EN EL CASO

Martes, 5 de junio de 1984.
MARCOS RAMIREZ INVESTIGARA EL CASO DE
CASA DE CORRETAJE
Ponce (UPI). La Comisión Especial de la Cámara de Representantes para la pesquisa del sonado escándalo de una casa de corretaje, ha decidido nombrar al licenciado Marcos Ramírez y al investigador Aníbal Ayala como encargados de la investigación. Así lo anunció en Ponce el presidente de la Comisión de Hacienda de la Cámara, al anunciar que después del proceso de primarias del 10 de junio, la referida Comisión Especial iniciará oficialmente la investigación..."

Sábado, 16 de junio de 1984.
A LA LUZ LAS TRANSACCIONES DE CASA DE
CORRETAJE
"El Departamento de Hacienda dará a la publicidad, a principios de la semana que viene, el muy esperado informe sobre lo que verdaderamente transcendió en las alegadas transacciones financieras irregulares realizadas por ex empleados de la conocida casa de corretaje en 1983..."

Sábado, 23 de junio de 1984.
JUICIO SOBRE CASA DE CORRETAJE
"La secretaria de Hacienda, entregó ayer al Secretario de Justicia, el informe final de ocho meses que Hacienda realizó sobre el escándalo financiero. La entrega se hizo en La Fortaleza, alrededor de las 9:00 a.m., en presencia del gobernador, su coordinador, su ayudante de gerencia gubernamental y el secretario auxiliar de Hacienda a cargo de asuntos financieros..."

Jueves, 30 de agosto de 1984.
VINCULAN JEFES DEL PNP AL ESCANDALO DE CASA DE CORRETAJE
Bueno mi amigo, si ha llegado hasta aquí, el Espíritu de Dios definitivamente está sobre ti. ¡Verdad! ¿Qué ha pasado? Pues posiblemente te habrás dado cuenta de que se formó un "sal para fuera". Todo el mundo estaba acusando a todo el mundo; habían por lo menos diez versiones distintas de lo que había pasado. La cantidad de dinero envuelta, por ejemplo variaba desde catorce millones de dólares, hasta ciento ocho millones de dólares. Sí señor, lo que había era caos y en un año de elecciones. Estoy seguro de que ya sabes como se deletrea caos en época de elecciones. ¿Verdad? Se deletrea V-O-T-O-S. Y así, con esto en mente, entramos al "Gran Concierto" del LE LO LAI.

Mientras pasaba todo esto, allá en el hemiciclo de la Cámara de Representantes se estaban preparando para darle un golpe fuerte a... ¿a corrupción?

—¿Corrupción?

—¿Y que cosa es eso de corrupción?

—¡Shhhh, chico cállate, no divulgues los secretos nacionales, acuérdate que este libro no es para causar división!

Perdona, mi amigo es que se me "chispotea".

Bueno, continuo con mi relato:

En algún lugar secreto de la Cámara de Representantes

—Señor investigador.

—Sí señor representante.

—Ya han venido por lo menos tres personas pidiendo inmunidad en este caso. ¿Dígame, que se está haciendo al respecto?

—Señor representante, hasta ahora las personas que se han acercado a nosotros para pedir inmunidad son todos servidores públicos. Nosotros en la Comisión pensamos que ellos son los más que tienen que perder ya que envolverían a su partido por lo que serían candidatos de "servirse con la cuchara grande" en las vistas públicas que estamos planificando y hasta ayudar su partido.

—Entiendo. ¿Qué estás haciendo al respecto?

—Bueno señor representante, tenemos información confiable de que si le hacemos un acercamiento a Miguel Serrano este podría aceptar testificar. Claro habría que darle no solamente inmunidad criminal, pero inmunidad absoluta civil.

—¿Inmunidad Civil? ¿Y eso por qué?

—Honorable, Serrano es un hombre inteligente. El sabe que a menos que el declare que el dio los sobornos y/o pagó extorsiones no hay caso en su contra. Sería tan fácil para él decir que el dinero fueron aportaciones para las elecciones. Ahora si le ofrecemos inmunidad civil, él sabe que tarde o temprano va a tener que litigar con el Gobierno Municipal, el Estado Libre Asociado y con Hacienda. Así que es un asunto de dólares y centavos.

—Ya veo. ¿Pero este Serrano, de que partido es?

—Es de la otra banda señor.

—¿Y que te hace pensar que se prestaría para esto?

—Yo creo que él sabe que con las vistas del Cerro Maravilla y la reciente división del Partido, que su candidato no va para ningún lado. De hecho lo que le conviene a él es que nosotros ganemos.

—Tienes razón. Adelante, con él. ¡Pero mucho cuidado que ese hombre sabe lo suficiente como para ser peligroso!

Al poco tiempo un emisario se allegó a mí y me hizo la propuesta. ¡Aquel representante era profeta! Al pobre emisario le dio una apoplejía cuando yo le dije que tenía información sobre la corrupción en el gobierno de Puerto Rico de los dos bandos principales. Cuando me percaté que solo querían que yo hablara de uno de los bandos le dije:

—Entiendo. Resumo entonces que lo importante aquí no es limpiar la casa, sino ganar las elecciones. ¿Estoy en lo correcto?

Mi hermano, si alguna vez he visto a alguien total y absolutamente en estado de "shock" fue aquel día. Ciertamente lo que le habían dicho de mi era cierto.

—Déjeme pensarlo.

Yo hice un análisis de la situación pero no sin antes comunicarme con ciertos líderes de mi banda.

—Hola. ¿Me permite hablar con él? Dígale que es Miguel.

—Hola. Te quiero hacer una pregunta bien sencilla. ¿Qué tienes en mente hacer con este asunto? Si vas a intervenir, ahora es la hora. Yo te puedo asegurar que si me das la espalda nos iremos juntos y revueltos. ¡No esperes que yo me eche la culpa mientras tú te haces el desentendido!

—No te apures Miguel. ¡Todo va estar bien!

No se por qué, pero aquel "Todo va a estar bien", me sonó a puñalada. En ese momento tomé la decisión. Yo sería el verdugo al pie de la guillotina. Le daría a la plebe lo que estaba buscando "sangre". A mi francamente no me importaba quien iba a sufrir. Para mi todo esto era un juego más.

El martes 25 de septiembre de 1984, en la primera plana de los rotativos del país se podía leer:

Inmunidad a un ex de firma de corretaje

"Un ex corredor de la firma de corretaje de nombre Miguel Serrano Arreche, obtuvo ayer inmunidad para declarar en torno a las transacciones de dicha firma con el Municipio de Ponce. La Cámara, con el voto en contra del Partido

Nuevo Progresista, aprobó la resolución que le otorgara la cobija y que señala que el testimonio del ciudadano es vital para la pesquisa. Por voto de la mayoría también, la asamblea convino gestionar inmunidad federal para el testigo. Por su parte, la minoría basó su oposición a la inmunidad —sostuvo el portador José Granados Navedo— porque dejará al testigo libre de castigo por cualquier delito que hubiese cometido y no tendrá que devolver cualquier beneficio que le representaran las transacciones..."

"Amanece, amanece".

¡Bravo! ¡Bravísimo! Había comenzado la "Gran opera". Allí, delante de más de quinientos mil televidentes el muy famoso tenor, de reconocimiento mundial Miguel Serrano cantó para el deleite de todos por unas treinta horas la bellísima composición escrita por Don Pugna Política y titulada: *"El mono baila al son que se le toca".*

¡Apúntale los rounds del ocho al once a Miguel!

Ha, ha, ha, ho, ho, ho y tú que querías ponerte a bailar en la casa del trompo. ¡Atente a pan y no comas queso porque aquí llegó el cura de tu pueblo! *¡Bye, bye políticos!*

Se terminaron las vistas públicas y el hijo de doña Yoli se fue feliz y contento para Orlando, en Florida, pensando que se había metido a todo el mundo en el bolsillo.

¡Error! ¡Error! ¡Error!

Todavía faltaba un round en la competencia, todavía seguía la música. Yo me descuidé y la política siguió su curso. Anteriormente te dije que yo tenía una maestría en maquiavelismo. ¿Verdad? Pues, los políticos de este país tienen un doctorado. La maquinaria de la política, compadre, te mastica y te escupe y no te das ni cuenta hasta que ya es muy tarde.

Jueves, 29 de noviembre de 1984.
ACUSAN A SERRANO POR ESCANDALO EN CASA DE CORRETAJE
"Un Gran Jurado Federal acusó formalmente anoche a uno de los principales sospechosos del llamado escándalo millonario de una casa de corretaje, pero a petición de la

Fiscalía Federal, la acusación quedó sellada hasta hoy jueves, por orden del magistrado Justo Arenas, cuando el sospechoso se entregará a las autoridades. Aunque el nombre del acusado fue mantenido en secreto fuentes bien allegadas a la investigación, señalaron a Miguel Serrano, ex corredor de la compañía, como el sujeto acusado..." SILENCIO

Señoras y señores, al tercer minuto del último round mis adversarios tiraron un solo golpe que me dio en la parte baja de la quijada y me "noquearon"... se acabó la música y me quedé sin la silla.

Había caído en el engranaje despiadado de la burocracia y de la política. Yo el titán de la pradera, el que se comía a los niños crudos, había sido utilizado como un títere en el juego maquiavélico de la política y luego descartado.

Ahora iba a comenzar el proceso de desacreditación. Había que convencer a Puerto Rico que el nuevo gobierno no iba a tolerar lo del antiguo. ¡Mano dura contra la corrupción! Y qué más lógico que crucificar al que más sabía sobre la corrupción en la isla, Miguel Serrano.

Ya se habían ganado las elecciones así que las promesas ya se podían romper. El mismo partido que me compró me entregó a las masas y liberaron a su Barrabás.

Capítulo 8

Las acusaciones

Primera acusación
Viernes, 30 de noviembre de 1984
ACUSACION DE FRAUDE MULTIPLE
CONTRA SERRANO

"Miguel A. Serrano, vinculado al escándalo de la firma de corretaje, se entregó ayer a las autoridades federales, luego que un Gran Jurado le acusara formalmente en la noche del miércoles por intentar defraudar a Home Federal Savings and Loan Association of Puerto Rico en 1983. El magistrado federal Dennis A. Simonpietri le fijó una fianza de $200.000 al acusado y le otorgó hasta el martes para prestar con garantías de $75.000 en propiedades y $125.000 con su firma, porque Serrano no es un riesgo que puede violar las condiciones de su libertad bajo fianza. La fiscalía había recomendado que se fijara en $150.000 según informó Daniel López Romo, jefe de fiscales federales.

De ser encontrado culpable por las acusaciones, Serrano podrá ser encarcelado por 60 años y multado por hasta 64.000. Del pliego acusatorio se desprende que el Gran Jurado encontró causa probable en doce casos de violaciones a estatutos federales. Se alega que:

* El 19 de julio de 1983, actuando como agente de la Home Federal Savings and Loan Association de Puerto Rico, en Ponce, alegó haber comprado cuatro millones de dólares en valores conocidos del Government National Mortgage

Association, por los que solo pagó por $3.9 millones quedándose con $86.853.

* El 27 de julio del mismo año, alegó haber comprado a nombre de la Asociación $5.1 millones en valores del Gobierno de los Estados Unidos por los que solo pagó $4.39 millones, quedándose con $804.000.

* El 28 de julio del mismo año, alegó háber ordenado la transferencia de $550.000 al Fletcher National Bank de Indianapolis, para invertir la referida suma en valores del tesoro de los Estados Unidos cuando el dinero fue supuestamente utilizado para saldar la deuda de un avión de Reese Aircraft Inc.

* Entre aproximadamente 2l, 26 de agosto de 1983 y hasta el 30 del mismo mes, Serrano dijo que había comprado $4.74 millones de valores para la Asociación por los que pagó solo $3.18 millones obteniendo un beneficio de aproximadamente $1.56 millones.

* Que entre el 19 de junio y el 21 de septiembre de 1983, desvió $86,850 a la cuenta abierta por su firma bajo el nombre de Ponce M.A. Developers, a una cuenta abierta en el Texas Comercial Bank defraudando a la Asociación.

* Que entre el 27 de julio y el 21 de septiembre de 1983, Serrano desvío $703.202 a la cuenta de Ponce Developers, defraudando a la institución a la que él servía como agente.

* Que entre el 26 de agosto y el 21 de septiembre de 1983, Serrano informó a la Asociación que estaba transfiriendo electrónicamente $2.25 millones de Worthen Bank and Trust Company, en Little Rock, Arkansas, a la cuenta de Park Ryan de Ponce Developers, cuando supuestamente los obtuvo por $1.43 millones y a fines de septiembre el agente transfirió $813.966 a la cuenta del acusado en Texas.

* Que entre el 30 de agosto y el 21 de septiembre realizó una transacción similar con el beneficio de $746.954.

* Que el acusado "diseñó e intento diseñar un esquema y artificio para defraudar a la asociación y obtener dinero por medio de pretensiones, representaciones y promesas falsas y fraudulentas", con las que obtuvo $2.35 millones entre el 19

de julio y el 30 de agosto de 1983 mediante cuatro comunicaciones electrónicas.
* Tres acusaciones adicionales por fraude por las transferencias electrónicas por telex.
En la mañana de ayer, Serrano se presentó a las oficinas de López Romo. Luego de ser fichado en las oficinas del Negociado Federal de Investigaciones (FBI), donde fue formalmente arrestado. En la tarde de ayer Simonpietri le leyó las acusaciones durante la comparecencia inicial de acusado y le concedió diez días a los licenciados Carlos Coll Carpintero, abogado defensor y Lydia Lizarribar, fiscal auxiliar federal a cargo del caso, para las reuniones de descubrimiento de prueba.
* El magistrado le concedió además diez días, para las mociones en el caso y asignó el juicio al juez federal Juan Pérez Gimenez.
* El acusado, quien reside en Florida, tuvo que entregar su pasaporte y sólo podrá viajar entre Puerto Rico y el estado en que reside, luego de notificar al tribunal. Se le limitó cualquier otro viaje, en caso de que tenga que hacer negocios fuera del país, a la autorización del tribunal.
* Ninguna de las acusaciones leídas tienen que ver con el escándalo de la firma de corretaje, para lo cual el acusado obtuvo inmunidad legislativa que sólo cubre los foros insulares.
* Se dice que Serrano figura como uno de los principales sospechosos en el fraude millonario.

Segunda acusación
Sábado, 2 de febrero de 1985.
MAS CARGOS CONTRA SERRANO
"El ex presidente de la Asamblea Municipal de Ponce, el vicepresidente de una firma de corretaje y el Gerente de Operaciones de la referida firma, fueron acusados ayer de cuatro cargos por un gran jurado por violaciones a las leyes federales. El magistrado federal Jesús A. Castellanos le impuso una fianza de $300.000 al gerente de operaciones de la

firma de corretaje, quien se encuentra fuera de la jurisdicción de Puerto Rico.

La fiscal federal Lydia Lizarribar recomendó que al ex presidente de la Asamblea Municipal de Ponce, se le fije también una fianza de $300.000, pero al cierre de esta edición se desconocía si este la había prestado.

En cuanto a Miguel A. Serrano Arreche, vicepresidente de la firma, la fiscalía no recomendó la fianza a exigirle.

No se descarta la posibilidad de que el ex alcalde de Ponce, sea acusado en relación al sonado escándalo.

La acusación contra el trío es por utilizar líneas telefónicas y tres cargos por utilizar el Servicio de Correos para defraudar a Home Federal Savings and Loan Association de Puerto Rico.

ANTERIORMENTE, Serrano Arreche fue acusado por obtener $2.35 millones entre julio y agosto de 1983 utilizando líneas telefónicas y defraudando a la misma firma.

Según el pliego acusatorio de los recientes cargos contra el trío, los acusados conspiraron en mayo de 1982 para defraudar a la Home Federal y obtener nota e hipotecas con valor de $1.7 millones y otro millón por un préstamo mediante falsos testimonios.

Como parte de la conspiración, Serrano Arreche alegadamente abrió una cuenta de su firma Ponce Developers Inc. en una casa de corretaje y la entidad comercial le prestó tres millones de dólares a nombre de la Ponce Municipal Development Authority.

Serrano Arreche ordenó a una empleada de la casa de corretaje acreditar dos millones del préstamo a la cuenta de Ponce Municipal Development Authority y un millón a la cuenta de Ponce Developers.

Al día siguiente, el imputado ordenó que los dos millones fueran transferidos a la cuenta del Chase Manhattan Bank de Nassau, Bahamas, bajo el nombre de la Ponce Municipal Development Authority y la casa de corretaje, a la vez que la referida Autoridad le prestaría tres millones, a la Ponce Developers que a su vez serían prestados al Home Federal

Saving and Loan Association, mediante falsas representaciones.

A los tres se les imputa además, haber utilizado el correo para enviar y solicitar información financiera falsa en tres ocasiones.

Serrano Arreche, se encuentra en libertad bajo fianza de $200.000 que le impuso el magistrado federal Dennis A. Simonpietri cuando se le acusó el 29 de noviembre del año pasado por intento de defraudar a Home Federal Savings. De ser encontrado culpable en este caso, el imputado encara sentencias máximas de hasta 60 años de cárcel y hasta $64.000 de multa.

En la acusación anterior Serrano Arreche enfrenta 12 cargos.

EL ACUSADO, quien reside en la Florida, tuvo que entregar su pasaporte y sólo podrá viajar entre Puerto Rico y el estado en que reside, luego de notificar al Tribunal.

Se le limitó cualquier otro viaje, en caso de que tenga que hacer negocios fuera del país, a la previa autorización del Tribunal.

Serrano Arreche figura como uno de los principales sospechosos en el fraude millonario.

La Cámara de Representantes le concedió inmunidad en los foros insulares a Serrano Arreche por su testimonio durante las vistas públicas realizadas por la comisión de Hacienda.

Otros involucrados en el escándalo son el presidente de la Home Federal Savings and Loan Association y el gerente general de la firma de corretaje, superior de Serrano Arreche.

EL ESCANDALO comenzó a sonar a principios del año pasado, cuando surgieron versiones de malversación de los llamados fondos 936.

En las vistas camerales sobre el escándalo, se le imputó a servidores públicos haber cobrado $220.000 en sobornos realizados por Serrano Arreche.

"Los negocios en que se implica a Serrano Arreche envolvieron $66 millones, según transcendió en las vistas públicas".

Tercera acusación
Viernes, 30 de noviembre de 1984.
ACUSAN A PRESIDENTE DE ASAMBLEA, EX ALCALDE Y SERRANO

"San Juan. El ex alcalde de Ponce, el ex asambleista y el corredor de valores Miguel A. Serrano, fueron acusados anoche por un Gran Jurado en el Tribunal Federal en cargos de conspiración para extorsión y de extorsión, por dinero que recibieron para favorecer negocios con una casa de corretaje comprometiendo las posiciones públicas que ocupaban.

El magistrado federal Jesús Antonio Castellanos, ordenó el arresto de estos señalándole $250 mil en efectivo de fianza al ex alcalde, quien reside en Orlando, Florida; $200 mil al ex asambleísta y $150 mil a Serrano, quien ya cumple 24 años de cárcel por otros dos casos relacionados con el escándalo. En las acusaciones presentadas por los fiscales federales auxiliares Lydia Lizarribar y Everett Miguel de Jesús, se señala que dos servidores públicos recibieron $110 mil cada uno para favorecer las transacciones de Serrano y que el ex corredor recibió $660 mil.

El fiscal federal Licenciado Daniel F. López Romo, dijo que uno de los servidores públicos está acusado en tres cargos, el otro en dos y Serrano en uno, señalando que la pena máxima por cargo es de 20 años de cárcel y $10 mil de multa. Agregó que esta es la tercera etapa de la pesquisa y que la misma no ha terminado. Adelantó que la investigación concluirá cuando cada uno de los responsables del fraude sea acusado.

En las denuncias se menciona a la esposa de uno como uno de las conspiradoras, y se dijo que por el momento no se le pidió al Gran Jurado que evaluara la prueba contra ella.

"Las acusaciones fueron formuladas bajo una ley llamada Hobbs Act que castiga funcionarios públicos que comprometen sus posiciones a cambio de favores o pagos, y en ella no tienen que mediar fondos federales. El dinero fue como 'comisión' por la aprobación de préstamos supuestamente destinados a la Autoridad de Hogares del Municipio, que presidía uno de ellos".

En resumen, había la friolera de diecisiete acusaciones con un potencial de pena máxima de noventa años de cárcel y noventa y cuatro mil dólares en multas, más restitución de cuatro millones cien mil dólares. Yo tenía treinta y cinco años más noventa, ciento veinticinco años. ¡De acuerdo! Olvídate del dinero, el dinero no era importante para mí. Me estaba enfrentando a pasar el resto de mi vida en la cárcel. Hubiera calificado para una probatoria en treinta años, así que saldría a los sesenta y cinco años de edad. Ahora te pregunto a ti: si te vieras en una situación similar, una situación donde existe la posibilidad real de pasar treinta años detrás de las rejas. Donde con toda posibilidad tus padres se morirán, tus hijos se casarán y te nacerán nietos en tu completa ausencia. La vida tal y como tú la conoces sencillamente dejaría de existir por el resto de tu vida. ¿Qué harías tú?

Mira estas estadísticas; 75% de todos los casos que se llevan al tribunal federal resultan en una convicción; 95% de todos los casos de crimen de cuello blanco que pasan por el Tribunal Federal resulta en una convicción; 98% de los casos que son objeto de investigaciones especiales resultan en una convicción. En términos reales, yo tenía más oportunidad de que me partiera un rayo que a salir ileso en la batalla que se aproximaba. Seamos prácticos, cuando una persona ha sido denominada como "target" (blanco) en el sistema federal vas a ir preso, si no por esto, será por aquello, pero vas a ir preso. No importa que tú tengas la razón o si cometiste un error o si no sabías la ley, no importa que haya sido un accidente. ¡Vas a ir preso!

¿Qué harías tú si dentro de este meollo se te brinda la oportunidad de zapatearte del funesto fin que te espera? ¿Qué harías si se te acerca el fiscal que es tu amigo, que su hijo se ha quedado en tu casa en fines de semanas compartiendo con tus hijos y que es el que tiene la potestad de tirar la cuerda de la guillotina y te dice:

—Miguel, en consideración a tu hijo Miguelito y de su amistad con mi hijo, te propongo un trato.

Había que tomar una decisión: Pelear y exponerme a la longaniza que les describí o aceptar el siguiente trato:

Primero: Declararme culpable en dos de las doce acusaciones escogidas por la fiscal o en tres escogidas por mí.

Segundo: Cooperar con la investigación del FBI y la fiscalía en todo lo relativo al escándalo.

Tercero: A cambio de lo anterior, se limitaría mi responsabilidad monetaria en el caso a un máximo de cien mil dólares, y;

Cuarto: Habría una recomendación de la fiscalía de que las sentencias fueran concurrentes y que a su vez pudiera recibir una probatoria. ¡Esto representaba que yo no vería ni un día de cárcel!

En cualquier escuela de razonamiento, la decisión parecía lógica. Como quiera mi reputación iba a ser afectada, como quiera el *Securities and Exchange Commission* me iba a quitar las licencias y como quiera yo no iba a conseguir trabajar en una casa de corretaje en Puerto Rico. Así mismo, de dos males el menos malo, esto no es materia de orgullo ni de tener o no tener razón; ni siquiera es asunto de cuál era la verdad, era un asunto de ser práctico. Para mí esta era una decisión de negocio como cualquier otra. Nada personal, sólo negocios.

Capítulo 9

Culpable

Me declaro culpable
Miércoles, 13 de febrero de 1985.
SERRANO SE DECLARA CULPABLE
"Después de un acuerdo entre la Fiscalía Federal y su abogado, el ex corredor de valores Miguel A. Serrano, se declaró ayer culpable de tres de los 12 cargos por defraudar unos $2.3 millones de la Home Federal Savings and Loan Association de Ponce.

Según la fiscal Lydia Lizarribar del Tribunal de Distrito Federal, a cambio de la declaración de culpabilidad, a Serrano se le archivarán los restantes nueve cargos en este fraude millonario ocurrido entre el 19 de julio al 30 de agosto de 1983.

Según fuentes en el tribunal, el Licenciado Carlos Coll Carpintero, decidió negociar con la fiscal cuando vio 'la evidencia contundente' que el Negociado Federal de Investigaciones (FBI) había acumulado en contra de su cliente.

Al tercer día de juicio, el juez Jaime Pieras, había ordenado una reunión de las partes para organizar los documentos y cartas relacionadas con la compra y venta de valores, ya que se perdía mucho tiempo en presentarla al jurado. En esa reunión, Coll ve por primera vez la evidencia ya que había rechazado participar en el descubrimiento de pruebas antes del juicio.

Tal y como se acordó con la Fiscalía, Serrano se declaró culpable en cada una de las violaciones de Código Penal Federal, que envuelven dos transacciones fraudulentas. En la primera transacción, Serrano, actuando como agente transfirió $550.000 a un banco en Indiana, supuestamente para invertir en pagarés cuando en realidad utilizó el dinero para pagar el préstamo de un amigo, para la compra de un avión.

En la segunda transacción, Serrano transfiere $4 millones a la compañía de corretaje en Arkansas, supuestamente para invertir en una cartera de hipotecas comúnmente conocidas como GNMA (Government National Mortgage Association Securities). En realidad, Serrano invirtió solo $3.913,147 en GNMA y transfirió los $86.850 restantes en una cuenta a nombre de la Ponce Developers. Después transfirió ese dinero a un banco en Texas y los invirtió, junto a otro dinero defraudado, en 13 pozos petroleros.

En este caso, el juez Pieras dictará sentencia el 17 de mayo próximo. Por los tres cargos, Serrano confronta una pena máxima de 15 años en prisión y/o $16.000 de multa.

Serrano confronta, además, otros cuatro cargos por fraude de $3 millones de la Autoridad de Desarrollo del Municipio de Ponce, en donde está involucrado un ex asambleista de Ponce.

"'Este es el primer capítulo·en el caso de Serrano', dijo el jefe de fiscales, Daniel López Romo en entrevista telefónica. 'Se trata, dijo López, de una investigación que comenzó el FBI a fines de 1983 y principios de 1984 pero le faltan más acusaciones por radicar. La investigación continua y ahora en forma mas acelerada', concluyo López...''

La pregunta lógica en este punto sería que si yo llegué a un acuerdo ¿por qué entonces me volvieron a acusar y por qué me dieron tantos años de sentencia?

El problema aquí fue que yo vine a firmar el acuerdo que se negoció, después de haberme declarado culpable delante del juez. ¡Aquí sí que se me salió la inteligencia hasta por los poros! ¿Cómo es posible que una persona tan astuta cayera en una trampa tan ridícula? ¡Qué error tan terrible!

El documento que me dieron a firmar y las cosas que ocurrieron después fueron diametralmente contrarias a lo que se había acordado, pero como yo ya me había declarado culpable y yo ya había admitido en las vistas públicas que yo tuve que ver en conducta impropia. ¿Quién me iba a creer que el fiscal me había engañado? ¡Eso mismo! ¡Nadie! Sólo Dios sabe la verdad.

Sin entrar en detalles, les diré que traté de que me revocaran la admisión de culpabilidad mucho antes de que me sentenciaran, pero esa petición me fue denegada por el juez. Pero ahora la situación se había complicado, ya que para pedir que me revocaran la admisión de culpabilidad le tuve que decir al juez por qué y esto me puso bien de malas con la fiscal federal, quien ahora había tomado una posición revanchista personal. Lo lógico era que si yo iba a juicio en mi segunda y tercera acusación, habiéndome declarado culpable en la primera y habiendo testificado en las vistas públicas, me iban a "pasar por la piedra".

¡Este temor resultó profético!

El veredicto

Son las 6:45 de la tarde del 21 de septiembre de 1985, y después de más de una semana de extensos testimonios, ya el segundo juicio en mi contra había terminado y había llegado el momento de la verdad "el veredicto". Yo estaba un poco nervioso pero estaba bien confiado de que el veredicto seria de no culpable. De hecho, el jurado se había retirado a deliberar a las 2:45 p.m., y yo junto a mi abogado, algunas amistades y mi esposa, nos fuimos a un restaurante a comer y a celebrar la victoria. Fue una deliberación bastante rápida y esto fue lo que me puso nervioso. Era sencillo o deliberaron tan rápido porque el caso era claramente ridículo o porque la evidencia de culpabilidad era contundente. Pero, ¿serían cuatro horas lo suficiente para repasar cientos de documentos, miles de hojas de papel? Esta fue la única espina que me mantenía preocupado. No es fácil entender asuntos de altas finanzas que requieren años de preparación y entrenamiento continuo. Además yo ya me había declarado culpable en un caso. ¡El veredicto sería una tirada de moneda!

La Corte: He recibido una nota del Jurado de que han llegado a un veredicto. Traigan al Jurado.

La Corte: Jurado, tengo aquí una nota que dice que ustedes han llegado a un veredicto. ¿Es esto correcto?

Jurado: Sí, su Señoría.

La Corte: Haga el favor de pasarle el veredicto al alguacil para que él a su vez se lo pase al secretario de la corte. Yo no se cuál es el veredicto. En otras palabras no se qué es lo que ha decidido este jurado, pero antes de leerlo quiero decir algo. A fin de mantener el orden y el decoro en esta sala, cuando yo lea los veredictos, quiero que todos ustedes mantengan sus emociones bajo control. Y cuando digo ustedes, me refiero a los abogados, al público, quiero decir a todos. No quiero expresiones de alegría, ni de tristeza, ni de felicitaciones, o de nada mientras esté esta corte en sesión. Habrá tiempo para eso después, pero no mientras esté la corte en sesión. Si esta orden es violada será acusado el violador de desacato. Yo mismo determinaré como aplicaré esta orden.

Que el secretario lea el veredicto.

Secretario: Que se pare el defendido Miguel Serrano. Los Estados Unidos de América versus Miguel Serrano, caso criminal número 85-024, nosotros, el jurado, en el caso epígrafe, encontramos al defendido culpable como se acusa en el cargo número uno del pliego acusatorio, culpable como se acusa en el cargo número dos del pliego acusatorio, culpable como acusado en el cargo número tres del pliego acusatorio y culpable como acusado en el cargo número cuatro del pliego acusatorio, firmado hoy día 21 de septiembre de 1985.

A día siguiente la prensa decía:

"Serrano-Arreche recibió ayer por la tarde un veredicto de culpabilidad con la misma tranquilidad que le ha caracterizado durante todo el proceso judicial..."

Ellos no sabían que fueron cinco muelas fracturadas del apretón de quijadas, cuando escuché el veredicto.

Sí señor, te confieso que yo estaba tan seguro de que iba a salir no culpable, que en ese momento mi tranquilidad fue más una condición de "shock" que de paz o tranquilidad.

Bueno, había llegado el momento. Según las normas, el tiempo que me quedaba de libertad era hasta que me dictaran sentencia en octubre. No hay palabras para describir como me sentía. Yo no tenía a Jesús en mi corazón, ni había temor de Dios en mí, así que tampoco tenía el consuelo de levantar una plegaria al trono celestial. Lo que aquí haces, aquí la pagas. Estoy solo en esto.

¡Qué soledad la que se vive alejado de Dios!

Capítulo 10

Las sentencias

Transcripción primera sentencia[1]

Tribunal:

—Señor Miguel Serrano, usted viene delante de este tribunal en el día de hoy para ser sentenciado. ¿Hay algo que usted quisiera decir a favor suyo para mitigar el castigo?

Serrano:

—Bueno, su señoría, sí. Yo quiero repetir las alegaciones que le hice al oficial de probatoria el día 18 de febrero de 1985 y también aquellas que le dije al oficial de probatoria en Orlando, y que luego las confirmé en una carta que le envié a vuestro honor el 26 de marzo, y confirmada después el día 17 de mayo. Soy inocente de todos los cargos en mi contra. No obstante me someto a la autoridad de este tribunal y a su buen juicio, y acepto cualquier castigo que usted quiera imponer.

Tribunal:

—¿Tiene el fiscal del Distrito algo que decir?

Fiscal:

—Sí, su señoría, tenemos.

1. Traducción libre parcial de la transcripción de sentencia en el caso Estados Unidos de América y Miguel Serrano, caso criminal número 84-381 (JP) del día 2 de octubre de 1985 a las 10:55 a.m. en Tribunal Federal de Distrito para el Distrito de Puerto Rico.

Tribunal:

—Adelante.

Fiscal:

— Su señoría, no tenemos delante de nosotros en el día de hoy para ser sentenciado a un criminal común. No tenemos a un extranjero buscando mejorar su vida. No tenemos a un padre de cuatro o cinco hijos que tiene necesidad para sus hijos.

»Lo que tenemos delante de nosotros, su señoría, es un hombre inteligente, un profesional con un historial muy bueno; que ha recibido todos los privilegios que la sociedad le puede ofrecer a un hombre. Este hombre, en el transcurso de su vida, tuvo todas las oportunidades y de hecho logró grandes éxitos dentro de nuestra sociedad.

»Se convirtió en *Vice President Senior* de la firma de corretaje donde percibía un ingreso de aproximadamente $250,000 al año. No todo el mundo gana esta cantidad de dinero; no todo el mundo tiene este tipo de oportunidad.

»¿Y para qué usó él sus oportunidades? ¿Para beneficiar a otros? No, para beneficiarse a sí mismo; a su bolsillo, señoría. Este hombre utilizó su inteligencia, su posición en la sociedad, la confianza que otros depositaron en él, para desfalcar dinero que no le pertenecía.

»Al día de hoy se reclama que tiene una fortuna de por lo menos dos millones de dólares. ¿Y de donde vino ese dinero? De la evidencia que hemos obtenido en este caso y en otros casos, este dinero vino del *Home Federal Savings and Loan Association*. Dinero que no le pertenecía; dinero que él desfalcó. ¡Es un ladrón! No un ladrón común; un ladrón de camisa blanca como le conocemos, pero un ladrón.

»Este hombre, su señoría, no ha demostrado ningún tipo de arrepentimiento. Este hombre que ha presentado una tremenda batalla contendiendo con el sistema judicial, ahora espera de ella privilegios. Este es un hombre, su señoría, que ya es convicto en otro caso donde le fue aplicada justicia por un jurado de doce hombres; y, en este caso, también se enfrenta a sentencia severa que debería ser de veinte años en la cárcel.

»Su señoría, este hombre se declaró culpable en tres de doce acusaciones. La fiscalía entró en un acuerdo con él, confiando en él, y él ha contendido ese mismo acuerdo. Trató de salirse del acuerdo como usted bien sabe, porque no obtuvo los resultados que esperaba.

»El señor Serrano, su señoría, es la persona que se encuentra delante de usted ahora reclamando privilegios. Nosotros sostenemos, su señoría, de qué él ya ha recibido todos los privilegios que la sociedad le puede dar a un hombre. Ha recibido más que su medida. Ha sido convicto, entró un alegato de culpabilidad en este caso.

»Debemos preguntarnos, cuáles son los fines de la justicia, su señoría. ¿Por qué se le debería de dar alguna consideración a un hombre que estafa millones de dólares, cuando a uno que se roba cien dólares se le envía a la cárcel? ¿Cuál es la distinción? ¿Porque es inteligente? ¿Porque es un profesional?

»Es nuestra petición, su señoría, que Serrano sea sentenciado a una condena de cárcel. Nosotros creemos que debería pagar por lo que ha hecho, porque él ha traicionado la confianza de la justicia, la confianza de la sociedad, la confianza que nosotros tuvimos en él.

»El señor Serrano también debe ser ordenado a restituir el dinero del cual se apropió. Dinero que no es de él. También pedimos que su señoría le ordene pagar una multa monetaria especial en cada uno de los tres cargos en los cuales se declaró culpable.

»Su señoría, es nuestra ferviente convicción de que a los fines de la justicia, ésta sería mejor servida si Serrano fuera encarcelado por sus actos delictivos.

»Gracias, su señoría.

Tribunal:

—Muy bien.

»Es la determinación de este tribunal en el caso criminal número 84-381, que el defendido Miguel A. Serrano-Arreche sea puesto bajo la custodia del procurador general de los Estados Unidos o de su representante debidamente autorizado, para ser encarcelado por un período de cuatro años y una multa de $5,000 en el cargo número 3; por un período de cuatro años y una multa de $5,000 en cargo número 5; y por cuatro años y ordenado a hacer restitución completa a la parte afectada, en el cargo número 9. Se celebrará una vista el día 15 de octubre de 1985 a las 9:00 a.m. para determinar la cantidad y la forma de hacer dicho pago a las víctimas.

»El período de encarcelamiento se expiará consecutivo el uno del otro. Se ordena por lo tanto que el defendido sea encarcelado hasta que haya pagado las multas, o hasta que expugna su sentencia en el debido curso de la ley.

»Esta es la sentencia de este tribunal.

Capítulo 11

La cárcel

"Abandona toda esperanza todo aquel que entre aquí"

Sorprendente, las palabras que vinieron a mi mente en el momento en que el portón electrónico de la penitenciaría estatal de Puerto Rico, "Oso Blanco" se abrió para recibirme, fueron las inscritas en el umbral de la puerta que da entrada al infierno en la obra la Divina Comedia, de Dante.

Yo era el protagonista principal en una gran comedia. La comedia de la vida donde no son todos los que están, ni están todos los que son; donde sí es no y no es sí. Donde todo es ficticio; donde todo es mentira; donde todo es cruel. Le complacía a Dios que corriera sangre. Y, ¿por qué no? Si hasta mandó a su Hijo a que lo torturaran y mataran para ver si perdonaba a la humanidad. Eso es, Dios está molesto y necesita satisfacer su ira violenta con sangre...¡Echa para acá el sacrificio!

Querido lector, no estoy escribiendo esto aquí por ponerlo, yo honestamente estaba convencido de que Dios era un Dios de castigo.

¡Lo que hace la ignorancia de los hombres! ¡Qué ciego estaba!

No hace mucho tiempo, caminando con mi esposa, pasé por un área que me trajo recuerdos de aquel Miguel Serrano, y le dije:

—Mari yo no me explico como un hombre relativamente educado como yo no vio lo que estaba haciendo. Yo estaba actuando como un loco—. Sí, como un loco. Pero nada me llenaba. Luego entendí que ese vacío era la falta de Dios en mi vida, pero no sin antes darle una visita de cuatro años en la cárcel. Yo cumplí cuatro años, pero las sentencias combinadas de cárcel fueron de veinticuatro años. Perdí todo lo que tenía, hasta mi dignidad.

El nacimiento de un criminal

En fin, las puertas del infierno se abrieron y yo entré a él con el cuchillo en la boca. —Abandona toda esperanza Miguelito porque Dios definitivamente no está aquí —me dije.

Todavía me acuerdo vívidamente cuando entré por aquellas puertas. En aquel día y en aquella hora, mi vida como yo la había conocido, terminó.

—¡Qué atrevimiento! —me repetí—. ¿Cómo es posible que esta chusma, que estos mediocres, que estos infelices me hagan pasar por esto? ¡Yo no puedo ir preso!

No tengo palabras para describir lo que sentí; era una combinación de ira, violencia y miedo. Sí miedo. Un cordero fue tirado a los leones rugientes, hambrientos, listos para despedazarlo. Pero pronto entendí de que yo era peor que ellos, porque me motivaba algo distinto.

En los primeros quince minutos de estar ahí, vi o mejor dijo, oí, cuando violaban a otro recién llegado que estaba en las celdas de admisiones con otros cuarenta hombres. Eran unos gritos realmente espeluznantes. Ahí mismo, y en ese instante, tomé la decisión de que yo iba a sobrevivir aunque tuviera que matar. Resolví mantenerme cuerdo y, decidí guardar todo el odio y la ira que sentía bien dentro de mi... ya tendría la oportunidad de ventilarlo en el futuro.

En aquel entonces, lo que me mantenía vivo era el deseo de vengarme. Veinticuatro años es una largo tiempo, pero no es toda la vida. Como ofensor por primera vez calificaba para libertad bajo palabra en ocho años...un "bombo al lanzador". Ya sabrán de mí —me decía—, pronto saldré y los destruiré, (yo tenía mucha práctica en eso), nadie me hace esta afrenta... esto definitivamente no se queda así.

Amigos, contrario a lo que piensan la mayoría de las personas que no han escuchado o leído mi testimonio, yo no me convertí —o me metí a la religión, como dice la expresión—, estando en la cárcel. Todo lo contrario, en la cárcel fue donde más rebelde me puse. Si no había buscado a Dios cuando estaba en "la papa" (expresión que significa, viviendo bien) cómo era posible que lo buscara ahora que estaba en la peor situación de mi vida. De ninguna manera, aceptar a Cristo era como declararme mediocre.

Hay que tener mucho cuidado con las cosas que uno dice. Yo siempre había creído que ser cristiano era refugiarse en la mediocridad.

En menos de seis meses, me convertí en un hombre malo, bien malo, sin sentimientos, incapaz de ser conmovido por nada ni nadie. Las condiciones en las cuales se le obliga a vivir a los presos en el "Oso Blanco" son condiciones bárbaras e infrahumanas. Son condiciones que ofenden hasta el grado más elemental de humanidad. Condiciones que carecen de todo tipo de decoro, condiciones que ni siquiera son dignas para animales. Condiciones donde cuarenta hombres son puestos a dormir en el piso en una celda de veintiún pies cuadrados, o sea un espacio de cinco pies y medio por dos pies por hombre, en un ambiente donde prolifera la tuberculosis, la hepatitis viral, sífilis, y todo tipo de hongos. En unas condiciones donde los reos se tienen que poner algodones en los oídos para que no le entren cucarachas por la noche. Esta es la condición verdadera de nuestras cárceles y que yo viví en mi carne; condiciones de las cuales soy testigo elocuente.

Nuestras cárceles no rehabilitan hombres; nuestras cárceles hacen de un hombre malo otro peor, porque insultan la dignidad del hombre.

Fue precisamente esta afrenta a la dignidad humana, lo que causó que yo me convirtiera en un defensor apasionado de los derechos humanos de los confinados. Ventilé mi violencia, mi frustración, mi indignación en forma escrita ante el Tribunal Federal. Fui uno de los responsables de originar una huelga de proporciones gigantes en el "Oso Blanco" que hizo entre otras cosas, que tuvieran que abrir temporalmente un Tribunal Federal dentro de la misma cárcel para atender mis demandas. Yo no podía consentir la tortura y el maltrato de una persona que ya ha sido castigada aislándola de la sociedad y de su familia. Hubo represalias en mi contra por el mero hecho de demandar de que se tratara al confinado con dignidad, cosa que resultó en un motín de inmensas proporciones.

La cosa se había caldeado y definitivamente Miguel tenía que salir de Puerto Rico. Sí, Miguel resultó ser un líder en cualquier liga.

Del "Oso Blanco" fui transferido con la velocidad de un rayo al *Metropolitan Correctional Center* en Manhattan, conocido entre los presos como "las tumbas". Bueno, llegué a los Estados Unidos, aquí de seguro las cosas serán más fácil. ¿Verdad que sí?

El traslado

Llegué al MCC y pasé por el proceso de clasificación. Mientras lo hacían me pusieron en seguridad máxima. Fue allí donde conocí un jefe de la familia mafiosa de más poder en los Estados Unidos. Sin saber quién era, le regalé una caja de cigarros, y comenzamos una amistad que algún tiempo después me ganó el apodo de "el Emigrante" entre los italianos, y que luego me puso en el favor de las familias mafiosas del país.

Un día me pasó algo, que hoy, habiéndose engendrado la nueva criatura, me he percatado que junto con el episodio de la mafia fueron intervenciones divinas. Dios me estaba cuidando. Había alguien doblando rodilla por mí. ¡Había una madre intercediendo! ¡Qué poderosa es la oración! Vi a un gigante negro llorando y algo me conmovió. Siempre me ha causado impresión ver a un hombre llorar. Tal vez será porque en aquel entonces llorar no se encontraba en mi lista de funciones biológicas. Yo asumía que para que aquel gigante llorara tenía que estar sufriendo algo terrible realmente, y que su carácter era débil. ¡Qué tonto, machista, insensible yo era! Pronto yo también iba a experimentar el terrible dolor de la soledad.

Aquel hombre había recibido una carta de su esposa e hijos y hacía tiempo que no sabía de ellos. Estaba desesperado porque no sabía leer ni escribir y nadie lo ayudaba. Este hombre estimuló mis sentimientos, llegué a sentir pena por él. ¡Yo, Miguel Serrano estaba sintiendo pena por un negro analfabeto! Me ofrecí leer sus cartas y también escribir por él. Algo realmente sencillo para mí que se convirtió en mi boleto de paso libre a cualquier sitio sin que nadie se atreviera a molestarme.

Llegó el momento de ser llevado a la cárcel que se me había asignado. Me despedí de mis recién adquiridos amigos. Un negro analfabeto y un prominente mafioso.

Era de madrugada cuando vinieron los carceleros a buscarme para encadenarme por los pies, la cintura y las muñecas y llevarme en el camión de transporte. Eramos como veinte que seríamos repartidos en distintas cárceles.

En el fondo del autobús vi al gigante. —Hola mi pana, ¿a que hotel fuiste asignado? —le pregunté.

—A la cárcel de Danbury —me contestó.

—¡Que bien yo voy para allá también. ¿Cómo es?

—Es una cárcel un poco difícil porque allí meten a todos los maleantes que arrestan en Washington D.C., que por ser distrito federal todos los casos son federales.

—¡Ea, rayo —pensé— otro "Oso Blanco".

Tengo que admitir que esto me deprimió bastante y se me notaba en la cara. No hablamos más hasta que llegamos a nuestro destino. Yo estaba sudando frío. Había llegado el momento. Las grandes ligas en la cárcel. —Si me tratan de hacer algo mataré al primero que se me acerque. Aquí se fastidió el hijo de Doña Yoli —pensaba.

Nos bajamos del autobús y el gigante me tomó por un brazo y me dijo:

—No te asustes, tú eres mi amigo.

Me echó el brazo por encima de los hombros y entramos juntos a la cárcel. Al momento empiezo a escuchar distintas personas llamando al gigante por su nombre, hubo una gran conmoción. Había regresado el gigante, todo el mundo lo conocía. ¿Y quien rayos era él? Resulta que el gigante era nada más ni nada menos que uno de los distribuidores de drogas más grandes entre la comunidad de negros en Washington, y muchos de los que allí estaban presos eran sus clientes, sus empleados, sus socios o sus parientes.

Pues así con el brazo echado me llevó al círculo de los negros en donde se vende la droga en la institución. Cuando hay problemas en las cárceles, estos son los *nenes* que los causan. Cuando estábamos dentro del grupo se dirigió a todos y les dijo:

—Este puertorriqueño es mi amigo, si se meten con él se están metiendo conmigo...¿está claro eso?

Remedio santo, mi iniciación en la cárcel se suavizó de esta manera.

La vida en Danbury

"Mi nombre es el capitán Yemerson. En esta cárcel ustedes son solamente un número para mí. Son convictos indignos de ningún tipo de confianza. Están aquí porque han violado los estatutos de la sociedad y por eso vienen a ser castigados. Aprendan bien sus números porque aquí es lo único importante. Yo sé que con toda probabilidad ustedes

creen que no deberían de estar aquí, pero en todos mis años en correccionales, nunca he visto un convicto que no diga que alguien lo engañó o que fue entrampado.

»Durante su estadía aquí, tendrán que seguir todos los reglamentos y las ordenanzas que se les den. Cuando yo les diga brinquen, ustedes contestaran, a qué altura mientras ya están brincando. Si no siguen todas las instrucciones del manual que le hemos entregado, serán castigados. Quiero que sepan que ustedes no me caen bien a mí. Si por mí fuera los tranco y boto la llave, así que cuando se dirijan a mí primero me piden permiso, y luego me tratan de usted y tenga. Si alguno de ustedes quiere saber lo que pasaría de no hacer esto echen un pie a bote.

—Usted...¿cuál es su nombre y número?

—Miguel Serrano Arreche 069-06947 —contesté.

—Ah, sí, señor Serrano, lo estábamos esperando, no piense que por haber sido alguien en la calle recibirá tratamiento preferente aquí. Aquí usted es igual que todos. ¡Acostúmbrese! Los barrotes que usted ve aquí son los igualizadores. ¡Tú no eres mejor que estos!

Y así con estas palabras tan delicadas, empecé a cumplir mi condena de veinticuatro años en Danbury. Aquí me iban a castigar por violar la ley, por ser puertorriqueño, por ser blanco, por ser millonario, y por tener una educación.

Fíjense en esta situación. Como persona que le falló a la sociedad fui penalizado. Ahora bien, como mi crimen fue un crimen de cachee lo llaman "crimen de cuello blanco" y como yo fui convicto siendo el cabecilla era lo que se llama en la cárcel el *Big Shot* o el "peje grande".

Por mi sentencia tan larga, me enviaron a prisiones que eran prácticamente en su totalidad, de criminales conocidos como las "mulas", los "peones", "tiradores", o sencillamente los "trafalas" (nombre despectivo que le dan los *Big Shot* a los criminales de cinco y diez.

Resulta que el "peje grande" es odiado entre la plebe criminal porque le tienen una envidia terrible. ¡Y yo era uno de ellos!

¡Lo cierto es que el gigante era un ángel de Dios encubierto!

Pero yo estaba determinado a sobrevivir, así que me dediqué a aprender todo lo que podía sobre esta sociedad de características muy especiales, donde todo se tiene que ver con ojo paranóico.

¡No hay problema! En poco tiempo puse en práctica mi especialidad. Al igual que en la libre comunidad, en la cárcel mi movida tenía la precisión de un cirujano y el impacto de un campeón mundial de pesos completos. Pero, había algo diferente. Ahora lo que me motivaba era sobrevivir, y cuando es cuestión de sobrevivir todo es legal.

Un ratoncito huye de un gato siempre y cuando no esté acorralado. Cuando esto ocurre, se despierta un instinto salvaje de sobrevivir y el ratoncito atacará violentamente al gato. Esto es un hecho documentado tanto en libros de biología como de psicología.

Así como era una situación de sobrevivir, y como yo estaba en un ambiente donde el hombre solo vive por la fuerza, le añadí a mi estrategia convertirme en alguien temido. Por primera vez en mi vida me armé con navaja y me di a la tarea de intimidar.

Recuerden el segundo principio de Nicolás Maquiavelo: "El ser temido da más seguridad que el ser amado". Y no hay nada a lo que le teman los anglosajones o los negros americanos más que a una navaja. Esto lo aprendí por observación. Pronto aprendí que el poder que viene de la intimidación es bien efectivo, y tengo que admitirles con vergüenza de que lo absorbí como una esponja seca absorbe el agua. ¡Me gustó!

Sí señor, aquí se separan los hombres de los niños. Yo *estoy solo* en esto... vamos a tener que ajustarnos el cinturón. Si resbalas te comen.

¡Me estaba convirtiendo en un criminal!

Sólo Dios en su misericordia puede entender lo que me había pasado y le doy las gracias porque me miró a los ojos, me llamó por mi nombre y me perdonó. Con tan solo escribir estas palabras salen lágrimas a mis ojos; así de mucho es lo que me conmueve el pensar en lo que yo me había convertido y en lo mucho que hizo Dios por cambiarme. Estoy profundamente agradecido. Gracias Jesús.

Raíces de amargura

¡Ay, ay, ay... lo cierto es que yo no quiero sufrir! Hay que bregar con esta situación. Vamos a tener que encerrar a Miguel detrás de una cubierta protectora y tendremos que convertirlo en un criminal. ¡En un vengador astuto! Manos a la obra Serrano, enciérrate en ti mismo —era mi pensamiento.

Lento pero seguro, así como el árbol otoñal pierde sus hojas, también yo perdí todo aquello que llamaba amistades, perdí todo mi dinero y perdí hasta la vergüenza. Mi primera esposa se llevó a mis hijos lo suficientemente lejos de mí, como para solo haberlos visto una vez durante el tiempo que estuve encarcelado. Mi segunda esposa se fue con otro hombre, y luego me envió los papeles del divorcio por correo. En las cárceles eso se llama recibir un *Dear John*. Se redujo la lista de personas que se mantuvieron a mi lado hasta que se podían contar con los dedos de las manos. Debido a la distancia estuve mucho, mucho tiempo sin recibir ni una visita. La soledad se convirtió en mi compañera de celda, la amargura en mi hermana, y el odio en mi Dios. ¡Entendí lo que le había pasado al gigante negro!

La amargura es una actitud de la mente que se caracteriza por el rencor, la maldad, la hostilidad, los celos, los sentimientos de venganza y odio. La amargura es causada por profundas raíces de inseguridad o incapacidad. Como consecuencia de estas raíces, se desarrolla un resentimiento, que puede ser oculto, pero que por lo general es manifiesto. Puede desarrollarse como resultado de la pérdida, privación, el rechazo o el amor propio herido. El fruto de la preocupación prolongada respecto a las aparentes "injusticias" de ciertas circunstancias de la vida.

Oh mis amigos, cuanto daño hacen las raíces de amargura. ¿Has conocido alguna persona así alguna vez? He conocido a muchas personas con raíces de amargura y nunca estuvieron presos. Es un mal común en la sociedad hoy en día. La amargura te hace daño a ti y a los demás. Es algo terrible.

¡Yo sé lo que es la amargura! ¡Yo sé lo mucho que duele! Te dan ganas de gritar y te desesperas. Piensas en que Dios te ha abandonado y que *estás solo*. Lo peor es el sentimiento de soledad. No puedes tolerar que otra persona ser feliz. Tu mente empieza a funcionar en términos de maldición. Maldices a otros, te maldices a ti mismo y hasta el día en que fuiste concebido.

Tanta era mi violencia que un día hablando con mi madre por teléfono desde la cárcel me dijo:

—*Le doy gracias a Dios de que estés preso, porque yo que soy tu madre, sé que si tu estuvieras en la calle hoy te convertirías en un asesino.*

Cuando mi madre me dijo estas palabras les admito que yo recapacité un poco. —No hay mal que dure cien años ni cuerpo que lo resista —me dije—, lo importante es sobrevivir y salir; no que te echen más tiempo por matar a alguien.

¡Qué bueno es tener una madre sabia!

Pero, en fin, el tiempo pasó y me puso como el granito de duro, odiando a todo el mundo. Me odié hasta a mí mismo. Era tanto el odio y la violencia que tenía por dentro, que llegué a desear intensamente matar a la primera persona que se metiera conmigo.

Nunca me olvidaré del día en que a otro preso le dio por retarme. El quería ver si era verdad que lo que circulaba por mis venas era veneno, y no sangre. Me acerqué a él y le dije:

—Escúchame, yo estoy cumpliendo sentencia de veinticuatro años, y llevo ya algún tiempo tratando de desahogar esta causa que llevo por dentro. Yo quiero pelear contigo hasta la muerte, y quiero sentir cuando tu vida se escape de entre mis manos. Yo quiero saborear tu muerte.

¡Quiero saborear tu muerte! Esto sí es violencia.

Por demás está decir que ya no tuve más problemas. Los guardias me pedían que si tenía que pelear que lo hiciera, pero que no matara a nadie. Esta conducta no solo me ganó el apodo del "puertorriqueño loco", sino que me costó mucho tiempo en los calabozos, además de varios traslados. No sabían dónde ponerme. En cuarenta meses visité el "Oso Blanco", "Las tumbas", la prisión de Danbury, la unidad de tratamiento intensivo, y la cárcel de la Parada 8.

Capítulo 12

El comienzo del renacer

Hubo un motín

U n día, en un motín en el Oso Blanco, me dio un ataque al corazón. Es poco lo que recuerdo, hasta que me encontré semiconsciente en una cama en cuidado intensivo, esposado por un tobillo.

Tenía varias máquinas conectadas y tubos conectados a mí. Recuerdo que pensé "ahora me voy a morir" y de hecho sentía muy dentro de mí que ya había llegado el final, se acabó el dolor, qué bueno.

No pensé en Dios ni pensé en el diablo, sencillamente punto y fin del párrafo. Pensé en mi vida y me dije a mí mismo: "Qué desperdicio", qué inútil ha resultado hacer todo lo que hice en mi vida. Pensé en mis hijos, y salían lágrimas de mis ojos aunque no había expresión en mi rostro.

Yo ya estaba muerto. Pensaba muchas cosas pero como en un sueño. Recuerdo claramente que una enfermera me preguntó: Por qué estás llorando, y yo le dije tan solo dos palabras... *Estoy solo*. ¡Qué terrible! En ese momento resumí la médula de todos mis problemas... *Estoy solo*.

¿Te has sentido solo?

¿Te has sentido solo alguna vez, digo realmente solo? Sientes un boquete en medio del pecho, te dan ganas de llorar sin saber por qué.

¿Has deseado alguna vez empezar de nuevo; de hacer las cosas de una manera distinta a ver si ya no te sientes tan fastidiado, tan fracasado, y luego te haces promesas con la firme resolución de que las vas a cumplir, pero no lo haces?

Tal vez lo más absurdo de sentirse solo, es que deseas sentir que alguien te abrace aunque sea por un momento y te diga: Quieto, no te apures, todo va a salir bien, yo te voy a cuidar. Estoy contigo.

¿Tienen ustedes una idea de la cantidad de gente que se sienten vacíos; que se sienten fracasados; que se sienten solos?

Tú no estás solo.

Bien, estaba como delirando así, como espaciado pero recuerdo como el que recuerda vagamente un sueño, sentí que alguien se sentó en mi cama, me tomó una mano y me dijo: TU NO ESTAS SOLO, YO ESTOY CONTIGO. Entonces sentí que me abrazaron. En ese momento sentí que todo estaría bien y me quedé dormido. En eso una enfermera de cuidado intensivo entró al cuarto de aislamiento donde yo estaba porque se asustó cuando vio lo que ella luego describió como una intensa luz que salía de la habitación. Yo francamente no vi nada pero sí les puedo decir que alguien estaba allí y yo me había dormido . Estuve casi un mes en el hospital y cuando ya me sentía recuperado le pregunté al doctor qué tan seria había sido mi condición. El se sentó al lado mío y me dijo en una voz bien suave como para no asustarme, *"Miguel, te devolvieron del cielo por falta de sellos".*

Rehusé creer lo ocurrido

Aunque por mucho tiempo rehusé creer lo que en aquel hospital ocurrió y no fue hasta dos años después que vine a aceptar a Dios como mi Dios; este evento, sin lugar a duda, marcó el comienzo. Algo había pasado en mí, me sentía distinto... ¡YA NO ME SENTIA SOLO!

De nuevo para la cárcel

Del hospital salí nuevamente para la cárcel. Voy a resumir el resto de mi estadía en la cárcel en una sola palabra; caótica. Empezaron a suceder cosas bien extrañas.

Por ejemplo:

1. Quedé sano del corazón al nivel que no refleja ni siquiera un vestigio de haber sido lesionado.

2. Un día sin ton ni son quedé instantáneamente sano de una rodilla que llevaba diez años de lesionada.

3. Sentía la presencia de Dios continuamente, repitiéndome: Tú no estás solo

Tenía una confusión mental de película y no quería aceptar de que Dios estaba conmigo. Sencillamente me estaba volviendo loco.

Me la pasé de un calabozo a otro hasta que un día por "curiosidad" me dio por leer la Biblia y ver si podía encontrar en ella contradicciones y cosas por el estilo. La leí de rabo a cabo, y la expurgué buscando contradicciones. Busqué libros de referencia, enciclopedias teológicas, mandé a buscar epístolas del Vaticano, en fin por casi tres meses que estuve en un calabozo no hice otra cosa que escudriñar. Hice anotaciones y hasta cómputos matemáticos de genealogía. ¿Saben lo que pasó después de todo esto? Llegué a la conclusión de que la Biblia tenía que ser un documento inspirado por Dios, porque está en armonía perfecta. Llegué a la conclusión de que la Biblia dice la verdad. Yo razoné que Dios existe y que ¡la Biblia dice la verdad!

Salí de la cárcel

Era el día 23 de diciembre de 1988, como eso de las siete de la noche, y yo me encontraba en la galera que ya había sido cerrada. Me acuerdo de que estaba en uno de esos humores bien terribles, en la cárcel a este humor durante los días festivos se le llama "tener el mono trepado" y si te llegas a desesperar y volverte medio violento se la llama "picarle a uno la causa".

Pues yo tenía el mono trepado y estaba tirado en mi catre mirando al techo, pensando en los momentos buenos cuando yo compartía las festividades con la familia.

Para esta época, al igual que la mayoría de las personas que están alejados de Dios yo me ponía solemne. Lo que era Navidad, Los Reyes y Semana Santa yo era un beato. Así que estaba pensando en que si yo pudiera darle atrás al reloj de los años de seguro hubiera hecho las cosas bien distintas. Pensaba también que sólo me quedaban siete personas que continuaban visitándome; para las Navidades que viene tendría menos y luego menos hasta que sólo quedaría mi madre y mi padre mientras vivieran. ¡Dios mío, que no se mueran sin que yo haya salido de la cárcel!

Retén: Arreche... vístase que llamaron los alguaciles federales para notificar que le vienen a buscar.

Yo: ¿Pero qué pasa?, me van a dar un guaguaso (ser trasladado) con las Navidades encima?

Retén: No dijeron nada vístete y estate listo, llegarán en quince minutos.

Otro reo: Vaya Arreche, ¿cuál es la movida?

Yo: No sé, pero te aseguro que si me quieren dar un guaguaso hoy van a volar las pescozadas.

Retén: ¡Llegaron!

Alguacil: Feliz Navidad Arreche

Yo: Feliz Navidad alguacil. ¿Qué está pasando?

Alguacil: Tenemos instrucciones de llevarta a la oficina del Magistrado

Yo: ¿Para qué?

Alguacil: No sé pero no te vayas a agitar porque no te estamos llevando en traslado.

Magistrado: Feliz Navidad Arreche. ¿Cómo has estado?

Yo: Feliz Navidad Su Señoría. Sobrevivo.

Magistrado: Parece que Dios te quiere dar un regalito de Navidad.

Yo: ¿Y cuál será ese?

Magistrado: ¿Qué tal si pasas estas Navidades en la calle?

Silencio... Estado catatónico de shock.

Tuvieron que llamar a un doctor, el cual procedió a darme unas pastillas para bajarme la presión sanguínea y también me inyectó un total de cuatro centímetros cúbicos de Valium

Doctor: ¿Miguel te sientes bien?

Yo: ¡Apúntame hacia la puerta que me voy chillando goma!

¡Por fin había salido de la cárcel!

Del árbol caído todo el mundo hace leña

¿Y ahora qué? Esta pregunta comenzó a retumbar en mi mente. Ya sé, iré a ver a mis padres, mis hermanos, a mis hijos. ¡Qué bueno! Salí loco de contento a mi reencuentro con el mundo. Pasaron uno, dos, tres semanas y de momento me di cuenta de algo; el mundo había sobrevivido sin mí. ¿Pero cómo es posible esto? Y yo que me creí que era tan importante. ¡El mundo había seguido su curso! ¡Qué difícil es darse un encontronazo con la realidad. Fui a los sitios donde me solía reunir, a los sitios donde cuando yo llegaba me trataban con respeto y hasta reverencia. Fui buscado, sentirme aceptado nuevamente pero las cosas habían cambiado. Ahora no decían: Por ahí viene el genio financiero, ni decían por ahí viene Don Miguel o ni tan siquiera el señor Serrano, decían en tono bien bajito "psst, por ahí viene el ex convícto". Decían: "Ya salió ese sinvergüenza, a los ricos nunca los castigan". Hasta un día me pidieron que no regresara a un restaurante en el área bancaria del país.

Sí señor, por fin había salido de la cárcel y lo menos que hice fue sentirme libre. Estando en la cárcel había aprendido a no esperar favores de nadie. Aprendí a vivir en soledad pero como estaba preso era de esperarse. Pero yo no estaba preparado para meterme en otra cárcel peor. La cárcel de la discriminación social. ¡Yo esperaba que "mi gente" me diera la mano! Personas que yo ayudé, que le debía la existencia de sus negocios a mi intervención. Personas que se hicieron ricas y poderosas con mis consejos financieros y hasta con inversiones de mi dinero.

Me huyeron y me sacaron el cuerpo. Los que llegaron a acercarse a mí lo hacían con limosnas y recelos. Me hacían sentir como si me estuvieran haciendo el gran favor de hablar conmigo. ¿Dios mío, es que no hay misericordia en el mundo?

Bien dice el adagio mundano "Del árbol caído todo el mundo hace leña".

Sí, por fin había salido de la cárcel y había chocado de frente con las consecuencias de todo lo que yo había hecho. Por fin había salido a la calle pero aparentemente no había sufrido lo suficiente. ¡Aunque no lo crean, llegué a sentir deseos de estar en la cárcel de nuevo!

Pero no, todavía me quedaba pelea, todavía no estaba vencido.

¡Adelante Miguelito, no huyas!

Capítulo 13

La esposa idónea

*H*ola. *Buenos días. ¿Me podría comunicar con la señorita Rodríguez?*

—Habla Maritza Rodríguez. ¿En qué le puedo servir?

—Buenos días, señorita Rodríguez, le habla Miguel Serrano, el director de su departamento dijo que me reportara directamente a usted. Así que aquí me tiene reportándome.

Sí señor, así fue como conocí a mi esposa Maritza. Ella era nada más y nada menos la persona a la cual yo me tenía que reportar cada dos semanas en las oficinas Probatoria Federal.

Por más de un año estuve llamando a esta dama para decirle todo lo que me acontecía. Lo bueno y lo malo. Según me cuenta ella, después de un tiempo empezó a conocer al Miguel Serrano que había dentro de mí, pero yo no lo sabía. Maritza estudió psicología y es una maestra de educación especial para trabajar con niños retardados. Conmigo se puso las botas pues aunque yo ya no era niño, sí tenía la mente más enredada que un plato de espaguetti.

Poco a poco, sin darnos ni cuenta, algo se estaba *cocinando* entre nosotros, pero yo me mantenía bien calladito y con mucho decoro, ya que el faltarle el respeto a un empleado de la oficina de Probatoria Federal significa entrar a la cárcel nuevamente.

Como yo no hacía gesto alguno, Maritza tomó la iniciativa. Sencillamente un día en junio de 1990 me dijo:

—Bueno, por fin se acabaron las clases, ¿que tal si nos vamos a cenar para celebrarlo?

Lo primero que pasó por mi mente fue:

—¡Ea, rayo, aquí me estoy buscando un problema!

—Colgué el teléfono sin decirle nada. Después la volví a llamar.

El asunto es que salimos a cenar. Ella estaba entusiasmada porque ya veía en mí al padre de sus hijos, y yo estaba nervioso porque creía que ella era un agente encubierto del FBI y que me estaba investigando. Pero qué... ya me había enganchado la muchachita.

Nos casamos el 26 de julio de 1990 con tan solo unas seis semanas de estar de novios, fue algo bien así:

—*Mari, ya tu has visto que tengo un reguerete de muchachos, sabes que estoy en Probatoria Federal, y sabes lo difícil que se me ha hecho poder levantarme de nuevo. Si aceptas casarte conmigo, el estigma de ex convicto que hay sobre mí caerá sobre ti, ya no te dirán Mari, sino la esposa del ex convicto. Tus padres te van a criticar, tus hermanas, y toda tu familia. Puede incluso que tu ex marido trate de quitarte el nene tuyo alegando que yo soy un mal ejemplo. Va ser bien difícil, pero si tú estas dispuesta a mantener siempre abiertos los canales de comunicación entre tú y yo, todo tendrá solución.*

Mari me contestó con un simple y sencillo "sí". Así es ella, una mujer que nunca ha dejado que su educación nuble su entendimiento. Es una mujer fácil de amar. Nunca la he sorprendido pensando en ella misma, ella solo piensa en los demás. Se ha convertido en una verdadera madre para mis hijos.

Durante el tiempo que hemos estado casados, siempre lo que ha hecho es darme amor y comprensión. Ha sido un instrumento usado por Dios para estimular el hombre escondido y para demostrarme que todavía el mundo tiene esperanza de ver una aurora.

El Señor la ha utilizado a ella para devolverme la confianza en mí mismo y para aprender a darme a otros. Yo le estoy muy agradecido a Dios por su delicadeza para conmigo en darme a Maritza por esposa.

Bueno, las cosas que Mari y yo hablamos referente a los problemas venideros, resultó ser una profecía. El huracán Hugo que causó tantos estragos en Puerto Rico y en el Caribe fue una brisa primaveral comparado con las cosas que nos pasaron.

Llevábamos dos meses de casados, cuando su jefe nos vio un día en el parque Muñoz Marín compartiendo con todos los niños; Mari estaba sentada sobre mis rodillas. Al día siguiente le pidió la renuncia. Alegó aquel hombre que "si hubiera sido cualquier otro ex convicto pero, ¡ARRECHE!". Así mismo fue. Una violación crasa de los derechos civiles de Mari, pero como no quería que se fueran a desquitar conmigo, entregó su renuncia estando ya encinta. ¡Así es Mari!

Mientras más difícil se ponían las cosas, más nos uníamos, aunque yo sé que Mari sufrió calladamente muchas cosas que nunca me dijo, pero que yo las averigüe. Pero Dios ya estaba trabajando conmigo y pronto, muy pronto, Mari jugaría un papel importántisimo tanto en mi vida cristiana como en mi ministerio.

Gracias, Mari, por ser mi esposa. Le pido a Dios que me dé muchos años de vida para poder servirle junto a ti. Tu ejemplo de amar sin barreras me ha enseñado que ciertamente todos podemos cambiar. También he entendido en tu ejemplo lo que es amar a alguien como a ti mismo. Qué detalle ha tenido el Señor para conmigo. ¡Tú!

Capítulo 14

El barro está listo
para el Alfarero

*P*ues sí, a Mari la despidieron por casarse conmigo pero eso no fue todo. Esa damita sencilla y llena de amor vino a ser conocida como la esposa del ex convicto. Cargó sobre sí la consecuencia de mi pecado sin haber sido parte de él. Si hay algo que realmente me ha causado mucho dolor en mi vida es ver como trataron a una mujer inocente como una cualquiera sólo por haberse casado conmigo.

Pero gracias le doy a mi Dios que nos fortalece día a día para darnos la victoria.

Para esta época yo ya estaba trabajando como analista financiero para una compañía privada. El dueño sabia quien era yo, pero eso no le importaba siempre y cuando me mantuviera cerrado dentro de mi oficina y no saliera de ella cuando algunas personas se presentaran allí, especialmente su esposa. Quise pensar que la razón por la cual me había contratado era por mi experiencia pero desafortunadamente yo no podía tapar el cielo con la mano. El me había contratado porque yo era el único analista financiero en Puerto Rico dispuesto a trabajar por la miseria que me pagaba. Sólo les diré que era menos de diez por ciento de lo que se cobra normalmente.

La práctica normal de las cárceles es quebrantar a la persona humillándole. Cuando ya lo tienen sintiéndose al nivel más bajo que el fango entonces comienzan a adoctrinarlos diciéndoles que si se portan bien se ganarán algún respeto. La lógica detrás de esto es que el convicto se convierte en algo así como los esclavos de la antigüedad. Una raza que se entrenó a arrastrase y a perder toda su dignidad para servir a sus amos. Esta es la más grande de las humillaciones.

Pues bien, las humillaciones que sufrimos Maritza y yo después que salí de la cárcel fueron peores que las que yo sufrí en la cárcel. Ciertamente encontré que durante el tiempo que estuve encarcelado las cosas habían cambiado tanto que lo que yo hacía con relación a como trataba a la gente era un juego de niño con lo que estaba pasando ahora.

Un día la esposa del hombre que me había contratado me vio en la oficina y poco después me indicaron que no me iba a renovar el contrato. Ahora Mari y yo estábamos desempleados.

Mari trató de buscar trabajo pero como estaba encinta no era aceptada, y yo me encontraba sirviendo de monigote para personas que me contrataban haciéndome mil promesas, aprovechándose de mi necesidad. Vendí mis servicios por migajas creyendo en promesas de ingresos futuros solo para ser vilmente engañado por presidentes de empresas, economistas, dueños de empresas, directores de fundaciones y hasta un alcalde. ¡Estaba en un hoyo peor que el de la cárcel!

Yo ya había estado recibiendo golpes emocionales a diestra y siniestra desde que empezaron los problemas el 23 de octubre de 1983. Ya eran siete años de tormento y ya estaba harto. ¡Bien harto!

Empezó a ocurrir otro cambio. Empecé a creer que no habría oportunidad de un nuevo comienzo. Ya era tarde. Yo me había caído del globo terráqueo y estaba en otra dimensión. Estaba en lo que llaman en una religión, el lugar donde el alma no está ni en el infierno ni en la gloria; donde sencillamente no hay nada, o sea eres un "cero a la izquierda". Estaba en el limbo.

Por fin había salido de la cárcel y ahora había empezado a darme a la bebida y a los sedantes y barbitúricos. Quien lo iba a decir Miguel Serrano Arreche, sobrevivió varios motines, gases tóxicos, un ataque fulminante al corazón, y ahora voluntariamente se tiró como un perro en una cuneta a lamerse las heridas. *Whaaa, whaaa, nadie me quiere, whaaa.* ¿Te has sentido así alguna vez? ¡Ay. La vida me ha tratado mal! ¡Ay, bendito ya nadie me quiere! ¡Pero que mala suerte yo tengo; todo me sale mal, tú no lo has visto! ¡Si no estoy preso es que me andan buscando...Ay! Caí en lo peor que puede caer un ser humano... tener lástima de sí mismo.

A través de mi vida he podido experimentar muchas emociones pero ninguna (ni la soledad) se compara lo miserable que se siente una persona que siente lástima de sí mismo.

La tristeza que te invade es extrema; sientes como si tuvieras algo pesado sobre el pecho. Te sientes continuamente cansado, pero cuando te acuestas a dormir se te va el sueño. Tienes pensamientos morbosos o a veces te encuentras pensando en épocas de tu juventud en donde fuiste feliz, cuando la vida era menos complicada. Te acuerdas con sentimiento de momentos en tu vida en los cuales te reíste mucho. Retornas al pasado que fue feliz y te olvidas del presente que no se quiere ir.

Te levantas por la mañana y el cuerpo te pide un estimulante, disimulas tu enfermedad tomándote un café expreso con una buena porción de brandy alegando que es con propósitos medicinales. Antes del medio día ya te has tomado cinco o seis de estos "cafecitos" (ya el aliento del primero disfraza los otros). Al llegar el medio día te das la libertad de decir voy a tomarme una cervecita y disimuladamente en vez de almorzar usas el tiempo para tomarte seis. Llegaste de tu "almuerzo" y te esfuerzas para durar un par de horas haciendo cualquier trabajo sin importancia. Llamas a varias amistades

111

para convocar una reunión importante que invariablemente será en tu lugar de bebelata favorito. Te engañas a ti mismo diciendo que estás trabajando, pero dentro muy dentro sabes que no es la verdad. Te vas hundiendo más y más. Por la noche tienes que tomarte varios tranquilizantes que te lo bajas con un trago de whisky. Quisieras dormirte y no volver a levantarte, la muerte seria un favor de Dios para ti. Pero por fin te duermes pensando, mañana será un día mejor. Sí mañana será un día mejor. Llegó la mañana y te levantas con la cabeza dándote vueltas, lo primero que haces es vomitar y luego antes de lavarte los diente te tomas una cerveza a escondidas para entonarte el estómago y vuelves con la misma rutina que el día anterior.

Mi mente divagaba en los juicios de Dios. Llegué a pensar en que yo era una réplica de Job y me satisfacía recitar:

Perezca el día en que yo nací, y la noche en que se dijo varón es concebido. Sea aquel día sombrío, y no cuide de él Dios desde arriba, ni claridad sobre el resplandezca. Aféenlo tinieblas y sombra de muerte; Repose sobre él nublado. Que lo haga horrible como día caliginoso. Ocupe aquella noche la oscuridad; No sea contada entre los días del año, Ni venga en el número de los meses. ¡Oh, que fuera aquella noche solitaria, Que no viniera canción alguna en ella! Maldíganla los que maldicen el día, los que se aprestan para despertar a Leviatán. Oscurézcanse la estrellas en su alba; Espere la luz y no venga, Ni vea los párpados de la mañana; Por cuanto no cerró las puertas del vientre donde yo estaba, Ni escondió de mis ojos la miseria. ¿Porque no morí yo en la matriz, O expiré al salir del vientre?

Job 3:1-11

Pero a diferencia de Job yo llegué a maldecir a Dios. Y siempre invariablemente esto me hacía sentir sucio.

Yo no soy digno

Ahora mis sentimientos habían cambiado, *antes pensaba que no necesitaba de lo que yo llamaba el Dios de los ineptos y ahora estaba convencido de que yo no era digno de su misericordia.* Las cosas se fueron poniendo de mal en peor hasta que el 24 diciembre de 1990 llegué al fondo del barril. Me levanté de mi cama pensando que iba a morir de la borrachera del día anterior y empecé a lamentarme, me enfurecí y maldije el día en que fui concebido hasta que llegó el momento de que sencillamente yo no quería seguir viviendo. Decidí que me quería morir y deseé tanto morir que la muerte me vino a visitar. Mi esposa me vio que me puse de un color gris, empecé a convulsionar, las pequeñas arterias de mis ojos se reventaron y se ensangrentaron mis ojos... yo quería morir y la muerte estaba ahí para complacerme... y ahí cuando más hundido en el lodo estaba, cuando ya no había razón para seguir viviendo *el barro estaba listo para ser sometido a las Manos del Alfarero y vino sobre mí la misericordia de Dios.*

Maritza, mi esposa, fue el instrumento que usó Dios en ese momento y es testigo de todo lo que aquí les estoy escribiendo. Esta chiquitina me levantó del piso, me puso en la cama, me atragantó tres pastillas de nitroglicerina que yo guardaba para un caso de emergencia. Se arrodilló encima de mí, no para orar sino para contener mi cuerpo que convulsionaba y el Señor la iluminó... llamó a un amigo y vecino de nosotros quien vino corriendo y entre los dos contuvieron mi cuerpo. Entonces nuestro amigo llamo a un copastor consejero del Club 700 y así por teléfono, con ella arrodillada sobre mis piernas y nuestro amigo tirado sobre mi pecho para aguantarme me preguntaron:

—Miguel, ¿quieres que yo le pida a Dios que intervenga en tu vida aquí y ahora?

—Sí —balbuceé.

—¿Crees que Dios puede hacer esto? —me dicen.

—Sí —dije.

—¿Quieres recibir a Jesucristo en tu corazón ahora mismo.

—Sí —dije.

De momento vino sobre mi una lucidez espectacular y descubrí la verdad más grande de todos los tiempos, y le dije a mi esposa:

—Jesucristo es la solución —y comencé a llorar.

Me pasé el día 25 de diciembre completo llorando, a lágrima tendida. Luego vino sobre mi un sueño que casi no podía mantener mis ojos abiertos. Empecé a dormir ese día de Navidad que cayó un martes y dormí hasta el jueves. Llegado el jueves me levanté con una necesidad urgente de ir para la iglesia; no podía esperar ni un día más.

Antes de llegar a la iglesia y arrodillarme ante el altar de Dios y pedirle perdón... allá en mi cama mientras dormía Dios hizo el milagro en mi vida.

A partir del 25 de diciembre no volví a tomar, dejé de usar drogas, y dejé de fumar. Las pesadillas que me mantenían despierto noche tras noche desaparecieron instantáneamente. ¿Y saben que?

De repente mi mente cambió de tal manera que todo lo vi con claridad... entendí el plan de salvación divina... entendí la resurrección de Jesucristo... la imagen delante la cual yo me arrodillaba cuando joven, aquel Jesús muerto vino a mí, pero sin Jesús sobre el madero y entendí.

Entendí las palabras TU NO ESTAS SOLO YO ESTOY CONTIGO.

Yo no *estoy solo* porque la tumba está vacía, Jesucristo venció a la muerte y resucitó, está vivo y aquí con nosotros ahora mismo. ¡Gloria a Dios!

¿Donde está oh muerte tu aguijón? ¿Donde oh sepulcro tu victoria?

¡Era embuste! ¡Dios no estaba muerto! ¡Dios estaba vivo!

El 25 de diciembre se conmemora el día en que Jesús vino al mundo para liberarlo del pecado y para traerle vida en

114

abundancia, y un 25 de diciembre Jesús nació en mi corazón para librarme y traerme vida en abundancia.

Desde ese jueves hasta el día de hoy me siento en primera fila tres veces a la semana a escuchar y aprender más sobre el Señor de los señores.

Mi Pastor me ha enseñado cómo usar el Manual de la Vida. La Biblia.

Hoy soy un hombre salvado por la misericordia de Cristo en busca de llevarle el mensaje del Amor de Jesús al mundo porque estoy convencido sin lugar a duda de que Jesucristo es la solución.

Capítulo 15

Las estadísticas del dolor

¿*T*e sientes sólo? ¿Tienen ustedes una idea de la cantidad de gente que se siente así; que día a día intentan ahogar sus sentimientos de culpabilidad porque han fallado? Según estadísticas oficiales de La Oficina de Arbitrios de Puerto Rico del año 1991 en Puerto Rico se bebieron:

1- 3.826.882 galones de licor equivalente a 489.840.896 tragos detallados por un costo estimado de $416.364.762.

2- 66.466.000 galones de cerveza equivalente a 1.063.456.000 latas de cerveza por un costo estimado de $797.592.000.

3- 2.181.356 galones de vino equivalente a 104.705.088 de copas por un costo estimado de $104.705.088.

4- Se fumaron 2.861.753.000 cigarrillos por un costo de $321.947.213.

5- Se incautó droga por un valor de $1.285.707.196.

¿Cuánto suma todo esto? $2.926.316.258! Setenta y ocho por ciento del presupuesto propuesto para correr el gobierno de Puerto Rico para el año fiscal 1993.

En Puerto Rico se gasta 2.9 Billones (Dos mil novecientos millones) de dólares anualmente ahogando; silenciando; el dolor de sentirse solo. ¿Estás impresionado? Si lo anterior te impresiono lo siguiente te hará reflexionar.

Para reflexionar

Las ventas de cigarrillos en el mundo son de 5.45 trillones o sea, 5.450.000 millones de cigarrillos. Lo que es equivalente a un costo monetario de 673 billones de dólares que a su vez podrían alimentar 1/3 parte del total de la población el mundo entero.

Para que tengan una idea gráfica de la cantidad de cigarrillos de que estamos hablando con las cajetillas vacías podríamos construir una muralla de veinte pies de ancho, y setenta pies de alto alrededor de la isla de Puerto Rico.

Si ponemos los cigarrillos punta a punta le daríamos la vuelta a nuestro planeta Tierra casi 14 mil veces; podríamos ir y venir al sol y nos sobraría lo suficiente para darle 6.355 vueltas a la Tierra.

Lo cierto del caso es que según las estadísticas de bebidas, droga, y licores en el planeta Tierra se fuma, 673 billones de dólares, se inyecta 2.448 billones de dólares, y se toma 2.511 billones de dólares para un total de 5.573 billones de dólares. ¡Mas dinero de lo que se usaría para proveerle una dieta balanceada tres veces al día a la totalidad de la población del mundo!

Por este motivo es que la iglesia se tiene que levantar y reclamar lo que le pertenece. Dios no va a venir a hacerlo, nos toca a nosotros en el nombre de Jesús.

Tenemos que hacer algo. No nos podemos quedar con los brazos cruzados. Tal vez hoy no te esté tocando la maldición del alcoholismo o la drogadicción a ti pero, y ¿qué de tus hijos? ¿Y qué de tus padres?

Los porcentajes del uso de cigarrillo, alcohol y drogas son tan tremendamente altos que matemáticamente dos de cada quince personas que lean este libro fuman excesivamente, y uno de cada cinco tiene un problema serio de beber "socialmente", o uno de cada cuatro tienen que tomar calmantes para poder funcionar.

Dos de cada tres adultos que lean este libro serán casados, y dos de cada tres de estos tienen problemas matrimoniales y están considerando el divorcio. Esto quiere decir que si no estás en el grupo de los que tienen problemas de vicio es probable que caigas en este grupo.

Según las matemáticas del mundo las probabilidades de que tú necesites a Jesucristo en tu vida es de nueve de cada diez.

Si por lo contrario no caes en ninguno de estas categorías "eres bendecido". Lo más probable entonces es que tengas algún familiar o amigo que sí esté en problema.

Tú no estás leyendo este libro por casualidad. A lo mejor tú crees que lo compraste por curiosidad u otro motivo pero yo sé que lo compraste porque Dios quiere hablar contigo.

¡Hay que hacer algo!

¿Pero que?

Yo hice algo y mi vida ha cambiado. Ha cambiado tanto que, en ocasiones ni yo mismo me reconozco. Te puedo asegurar que sin lugar a duda, sin que se me quede nada por dentro, con el corazón en la mano, que, Jesucristo es la solución.

Capítulo 16

La nueva criatura

*E*l día que yo confesé con mi boca que Jesús es el Señor y creí en mi corazón que Dios le levanto de entre los muertos no solamente fui salvo (Romanos 10:9) sino que vine a estar en Cristo y si alguno esta en Cristo, nueva criatura es; las cosas viejas pasaron; he aquí todas son hechas nuevas (2 de Corintios 5:17). Dios perdonó todos mis pecados instantáneamente y se olvidó de ellos para siempre. Y por cuanto creí en el nombre de Jesús y le recibí, tengo por El la potestad de ser hecho hijo de Dios (Juan 1:12).

Lo primero que me pasó después del milagro de mi salvación fue que Dios intervino directamente en mi vida y me libero del alcohol, y del tabaco.

Mi esposa y yo tomamos la decisión de despedir el año en la Iglesia. Yo ya llevaba cinco días sin beber o fumar y esto era un récord mundial, no queríamos arriesgarnos a una debilidad. Pasaron cinco días y yo sentía el deseo de tomar. Era un deseo intenso. Podía funcionar sin los tranquilizantes pero no podía dormir sin ellos.

Hablábamos sobre esto y llegamos a la conclusión de que estos deseos y esta situación eran ataques genuinos de Satanás para derrumbar nuestra nueva vida. Maritza me apoyó sin reparo. Decidimos ir a todos los servicios de la Iglesia y empezamos a orar juntos. El día 31 de diciembre a las 12 de la medianoche la congregación dirigida por el pastor oró intensamente. El pastor había hablado de Job y como ya les dije yo recitaba las maldiciones de Job así que obviamente me interesó. Cuando Job no podía entender, porque no sabía lo que estaba haciendo fuera de verdad divina le dijo a Jehová:

"Enséñame Señor las cosas que no veo, si hice mal ya no lo haré mas". Yo ore con mi esposa de esta manera:

"Señor Jesús yo estoy despidiendo el año aquí porque quiero demostrarte que tu eres lo primero y mas importante para mí, yo se que si yo te pongo a ti primero todo lo demás vendrá por añadidura. Te pido que me enseñes las cosas que no veo y si es que estoy haciéndolo mal ya no lo haré mas. Quiero ser algo especial para ti. Solo te pido que me des sabiduría para poder hacer las cosas correctamente. Amén".

Yo no sabía que a Dios le gusta que le pidan sabiduría y que aquel que le pide sabiduría El se la da, y le da además muchas otras cosas porque pedir sabiduría es aceptar la responsabilidad de ser recipiente de la luz.

Desde ese día por mi mente no ha pasado ni siquiera un pensamiento de volver a darme un trago o fumarme un cigarrillo. Gracias Jesús.

No obstante seguía atado por los tranquilizantes. Pero yo confiaba que Dios haría el milagro. Traté de dejarlos y me enfermé de tal manera que me tuvo que atender un doctor. Me dijo que yo no podía dejar de usar esas pastillas así porque sí después de tanto tiempo. Me dijo que incluso la reacción me podía hasta matar.

En febrero de 1990 tan solo unos cuarenta y cinco días después de convertirme fuimos a un servicio a escuchar a un evangelista de Nigeria, Africa. Comenzó su predicación diciéndole a la congregación que se pusieran en pie. Había unos cuatro mil y yo estaba con mi esposa en primera fila. Le dijo a la congregación quiero que se pongan las manos en la cabeza. Las cámaras del canal 58 nos estaba enfocando y yo pensé:

¡Que ridiculez! Me daba vergüenza que me fuera a ver alguien pero de todas maneras me puse las manos sobre la cabeza como todo el mundo. Tan pronto como puse mis manos sobre mi cabeza sentí como si me hubieran empujado con tanta fuerza que caí por encima de las sillas de la primera fila de espalda, me dice mi esposa que causé un estruendo tremendo y que los hermanos de la iglesia se quedaron atónitos por la manera en que me había caído. En todo esto yo estaba totalmente fuera de conexión con el mundo. El evangelista le dijo a la gente que estaba a mi alrededor que no me tocaran. Dios estaba haciendo la obra. Según los cálculos de mi esposa yo estuve tirado en el piso un poco más de una hora pero para mí fueron un par de minutos. Me levante con una borrachera terrible y estuve, punto seguido, otra hora mas riéndome a carcajadas. Los hermanos de la Iglesia me veían y se reían también. Había recibido la llenura del Espíritu Santo. Qué maravilloso regalo mis amigos, fue una experiencia tremenda. Luego de este episodio me enteré que uno de los ministros que lleva a los recién convertidos a las aguas bautismales, vio sobre mi, mientras yo estaba en el piso, dos ángeles que me levantaron mientras dos manos me bañaron. ¡Gloria a Dios! Lo cierto es que desde ese día nunca más me dieron deseos de beber, fumar, o usar tranquilizantes. ¿Y saben qué? Pude dejar los tranquilizantes instantáneamente sin ningún tipo de dolores ni reacción.

Dios había visto mi corazón y estaba actuando. ¡Que tremendo! Yo quiero saber más de ti Señor. No lo tuve que decir dos veces. Esa misma noche mi esposa y yo tuvimos la visita más extraordinaria que jamás hasta ese día habíamos tenido. Como a eso de las tres de la mañana mi esposa empezó a sentir un frío tremendo y empezó a temblar, en eso y para su espanto escuchó una voz, audible que en un tono que describe ella de autoridad le dijo:

—Despierta a tu marido él sabe lo que está pasando. Ella no perdió ningún tiempo ya que era más el susto que cualquier otra cosa. Me desperté tan pronto ella me tocó, e inmediatamente me percaté de lo que estaba sucediendo.

Maritza estaba recibiendo la llenura del Espíritu Santo. Yo le dije estate quieta mi amor y le empiezo a describir lo que estaba viendo con toda claridad:

—En este momento hay ángeles parados al lado tuyo y Yo Soy está parado a tu lado, junto a él hay otras dos personas. Creo que es la Trinidad completa.

En eso se dirige Yo Soy a mi y me da palabra. Mi voz cambió completamente:

"Yo Soy tu Dios, y para que creas que Yo Soy tú Dios, pídeme lo que quieras ahora mismo y Yo te lo voy a conceder y así, sabrás que Soy YO".

Maritza, en silencio le dijo:

"Señor enséñeme como poder servirle mejor" (ella siempre trata a Dios de usted). En eso sale una luz resplandeciendo y delante de sus ojos se le enseña un rostro; era mi rostro, y el Señor le dice audiblemente:

"Síguelo en todo lo que él haga".

Mari y yo estábamos como en un éxtasis cuando sentimos una conmoción como de muchas personas hablando algo así como lo que uno escucha en una convención o una celebración, y bajamos a investigar. Para nuestra sorpresa la casa estaba llena de ángeles. Yo los podía ver. Mari los podía sentir. Me acuerdo que yo la tomaba de la mano y la colocaba al lado de un ángel y ella lo podía sentir. Estuvimos el resto de la madrugada deleitándonos en las maravillas de Dios.

Esa noche volvimos al servicio donde se encontraba el Reverendo Ayo y yo le testifiqué también, le comenté de que Mari estaba embarazada y que su preñez había sido bastante complicada. El Reverendo Ayo oró por ella.

Al finalizar el culto el Reverendo llamó al frente todas aquellas personas que durante el último año habían tenido que usar tranquilizantes y que no podían dormir bien. Yo me paré. Se dirigió a mí y me dijo que yo ya estaba sano y que nunca tendría que usar tranquilizantes. También me dijo que yo dormiría bien todas las noches. Mis amigos desde febrero 1991 yo realmente duermo como un niño. De hecho me duermo con tanta facilidad que bromeando un año después le dijimos al reverendo Ayo que se había extralimitado. Ahora tenía que orar para que pudiera estar despierto. Esto es tremendo, para dormir lo único que yo tengo que hacer es decir voy a dormir y en tres minutos o menos estoy roncando.

Bueno, esa segunda noche volvimos a tener visita y en esta ocasión un ángel tomó el espíritu de mi hijo no nacido y se lo llevó. Mi esposa pudo ver cuando su espíritu salió del cuerpo y fue elevándose. Regresó como una hora después. Mientras tanto en casa los ángeles estaban de fiesta. Cuando regresó el niño me vino palabra de Dios para mi esposa. Eran unas instrucciones específicas de Dios referente al niño.

Llegado el momento, entonces el Señor puso su mano sobre mi frente y comenzó en mí la sanidad más tremenda que pueda experimentar un ser humano. El Señor estaba sanando mi subconsciente. Me fue llevando paso por paso por todos aquellos momentos que fueron traumáticos en mi vida, me pasó por todas aquellas situaciones que modificaron mi conducta. Rebuscó hasta lo más profundo de mi alma las raíces de amargura que afectaban mi comportamiento.

—No te olvides de dónde te saqué —me decía y entonces me enseñaba todas aquellas cosas que me habían causado serias heridas emocionales—. No te olvides de dónde te saqué —y entonces me enseñaba eventos del pasado de cosas que yo no entendía—. No te olvides de dónde te saqué —y me enseñaba cosas que yo le hice a otros pero que afectaron mi vida. Y así estuvo una gran parte de la noche y madrugada. Cada vez que me explicaba alguno de estos eventos yo lloraba amargamente con dolor intenso en mi corazón. El me las explicaba y me demostraba por qué ocurrieron. Cuando terminamos yo sabía que ya yo jamás sería igual. ¡Yo ya entendía el por qué de las cosas!

Dios sanó mi espíritu. Sanó todas aquellas raíces de amargura. Aquellos odios. Aquella violencia. Aquel sentimiento como que el mundo me debía algo a mí. ¡Quedé libre del pasado!

Como el Señor ya le había hablado audiblemente en dos ocasiones a mi esposa, yo aproveché y esa misma madrugada le dije al Señor:

—Yo quiero escuchar tu voz. —También le volví a decir que para mí era bien importante tener sabiduría para saber como desempeñarme en la nueva criatura.

Esa noche tuvimos todavía otra visita especial, pero esta vez se dirigió el Señor a mí y puso su mano sobre mi frente. Quedé paralizado sólo podía mover los ojos. Entonces me dijo:

"Mi Palabra escrita es mi voz." ¡Oye que tremendo, Dios me reveló que el Manual de Operaciones es nada más ni nada menos que su voz! Entonces me enseñó una carretera que se dividía en dos caminos y me dijo:

"Pongo delante de ti la vida y la muerte, la bendición y la maldición, escoge, pero date prisa porque solo quedan siete minutos. ¡Escoge la verdad!" Por más de una hora, de su mano, a través de mi frente, entró información. El Señor me estaba dando revelación. El Señor me enseñó sobre la verdad. Durante todo ese tiempo me describió la distintas manifestaciones de la verdad. Cómo entender la verdad pero más importante que todo cuál es la substancia misma de la verdad.

Ciertamente está escrito:

"Conoceréis la verdad y la verdad os hará libres".

Mi amigo, tú también puedes ser libre, tú también puedes recibir sanciones de Dios, tú también puedes detener el dolor y "tú también puedes cambiar".

Capítulo 17

¿Crees en Dios?

*A*hora quisiera pedirte que contestes estas cuatro preguntas. Es importante para mí porque te quiero demostrar algo bien interesante.

- ¿Crees que hay un Dios?
- ¿Crees que hubo un Señor llamado Jesucristo, Hijo de Dios?
- ¿Crees que este Señor Jesucristo murió crucificado en los tiempos de Poncio Pilato?
- ¿Sabes que Jesús murió en la cruz para redimirnos del pecado?

No han pasado ni sesenta segundos y ya estamos de acuerdo en por lo menos cuatro puntos extremadamente importantes.

Mi amigo, si tú contestaste con sinceridad afirmativamente a estas cuatro preguntas, *tienes en tú poder una llave con el potencial de ser el hombre o la mujer más feliz sobre la tierra.*

Sabes, yo he hecho el relato de mi testimonio varias veces y he predicado otras tantas veces, y antes de empezar siempre hago estas mismas cuatro preguntas y siempre obtengo los mismos resultados. Ha sido mi experiencia (en Puerto Rico) de que noventa y nueve por ciento, por no decir cien por ciento de las personas creen en Dios, creen que

Jesucristo es el Hijo de Dios, creen que Jesús murió crucificado en tiempos de Poncio Pilato y creen que Jesús murió por nuestros pecados y por la salvación del mundo.

Y yo me pregunto entonces: ¿Que está pasando? ¿Que está pasando que aún creyendo en Dios, en Jesús, la crucifixión, y en nuestra redención, todavía hay muchas personas creyentes que están viviendo en derrota espiritual?

¡En Puerto Rico nunca me he encontrado con una sola persona que al preguntarle yo: ¿crees en Dios y en Jesucristo su único hijo?, me haya dicho:

"No". No obstante no todos estamos viviendo una vida victoriosa en el Señor. ¿Que está pasando? ¿Te has hecho esa pregunta por curiosidad alguna vez?

Confío que al relatarte mi testimonio estas preguntas se hayan contestado, o por lo menos hayan despertado en ti curiosidad por encontrar la verdad.

Ah, la verdad. ¡Que dulce es la verdad!

Hay una expresión que es casi bíblica y que yo la hice parte de mi vida que dice:

"El hombre es libre a la medida que conoce la verdad".

La definición de verdad según el Diccionario Vox de la Lengua Española es: Lo que es realmente, realidad. ‖ (En lo material) Conformidad o adecuación de lo que se piensa, siente y quiere con lo que realmente es. ‖ (En lo formal) Conformidad racional del pensamiento que no entraña contradicción en sí mismo. ‖ (En lo moral) Conformidad de lo que se dice con lo que se siente y piensa.

Fíjate bien en esa definición especialmente la parte que se refiere a la moral. Tómate el tiempo para leerla en voz alta.

"La verdad es la conformidad de lo que se dice con lo que se siente y piensa".

Es decir, es la armonía entre lo que tú dices, lo que sientes, y lo que piensas.

Millones de musulmanes creen que Alá es Dios, y que Muhammad fue su profeta (el equivalente a Jesús) creen en Jesús pero no como Hijo del Dios viviente. Su Biblia es el Corán.

Millones de judíos creen que Jehová es Dios. Tienen el mismo Antiguo Testamento que los evangélicos y los católicos. Creen en Jesús como profeta pero no como Hijo del Dios viviente.

En los Estados Unidos nada mas, hay cincuenta y cinco millones de católicos que creen en Jehová y que creen que Jesucristo es el Hijo del Dios viviente.

Hay cerca de cien millones de evangélicos que creen en Jehová y creen que Jesucristo es el Hijo del Dios viviente.

¿Quien tiene la Verdad? Este tema, en sí, es materia de un libro y no puedo pretender darles una explicación concisa, pero para los efectos de este libro quiero dejar sembrado en tu espíritu algunos razonamientos sobre la verdad con el propósito de que tú puedas entender, lo que era y ahora es la verdad para mí y cómo ha afectado mi vida.

De hecho, este libro ha sido escrito porque ahora para mí Jesucristo es la verdad. Pero no siempre fue así. Pasaron muchas cosas en mi vida que me llevaron a razonar la verdad; a separar lo que es auténticamente un hecho verídico de lo que es o son meras suposiciones religiosas y/o ritos.

He compartido estas experiencias y estos razonamientos contigo con la esperanza de que la felicidad que me ha dado tener a Jesús en mi vida se convierta también en tu felicidad.

Capítulo 18

Razonando la verdad

*Q*ué no cunda el pánico... no tengo intenciones de predicar, ni de decirte lo santo que tienes que ser para adquirir la felicidad que estás buscando. Quiero razonar contigo, eso es todo; usar la razón. Te quiero traer una perspectiva distinta de cómo enfocar la vida. Y quiero que escuches estos razonamientos a ver si tienen alguna lógica. Si son lógicos, recíbelos y si son ilógicos, recházalos. Tú eres libre; así te hizo Dios.

Quiero hablarte sobre verdades, que por haber sido vividas en mi propia carne, las sostengo enérgicamente porque estoy persuadido de que son realmente, realidades. Yo opino que si logro llevarte por el camino del razonamiento que yo usé, es posible de que veas estas realidades con la claridad que yo las veo.

Postulados

1. Antes que todo, yo tengo por verdad que las cuatro preguntas del capítulo anterior, son correctas.

- Creo que hay un Dios.
- Creo que Jesucristo es el Hijo de Dios.
- Creo que Jesús fue crucificado, y
- Creo que Jesús murió para redimirnos del pecado.

131

2. Dios es el responsable de mi existencia sobre la tierra y,
3. Dios es perfecto.

Si yo puedo aceptar estos tres postulados, entonces tengo
que concluir que:

- Dios sabía lo que estaba haciendo y junto con mi existencia sobre esta tierra, me dejó provisto de un mecanismo que es claro, conciso y sobre todo práctico de
cómo desempeñar mi vida sobre la tierra.
- Estoy persuadido a concluir que él tuvo que dejarme
un sistema que yo pudiera utilizar para mantenerme a
flote en el océano de la vida; para no irme a la deriva.
- Estamos claro en esto? Dios no me dejó al garete; es
decir, como un buque en marcha arrastrando el ancla.
El me dejó *anclado*. Me dejó un mecanismo para que
no me fuera a la deriva.

Yo les quiero hablar de ese mecanismo que sirve de
anclaje y que es claro, conciso y sobre todo práctico. Que me
ha hecho sin lugar a dudas más feliz de lo que jamás pensé
que podría ser.

Pero antes, algo muy importante. Quiero ponerme de
acuerdo contigo. Quiero que juntos le pidamos a Dios que lo
que aquí vas a leer, esté ungido por él y que tú recibas palabra
de Dios para tu vida. Como un gesto simbólico de que estás
de acuerdo con la oración que voy a elevar al trono de Dios,
pon tu mano derecha sobre tu corazón mientras lees en voz
alta lo siguiente:

"Querido Padre celestial, Miguel y yo nos hemos puesto de
acuerdo en hacerte esta oración. Tú has dicho que si dos o
más personas se ponen de acuerdo sobre cualquier cosa
aquí en la tierra, y a ti te lo reclaman, tú estarás en medio
de ellos en una forma especial. Yo sé que tú eres un Dios
bueno y yo sé mi Padre querido que tú deseas lo mejor
para mí, aunque a veces yo no te entiendo. Yo quiero

pedirte que tú me enseñes a entender; te pido que hables a mi espíritu. Te estoy orando en el nombre por el cual tú respondes, el nombre de Jesús y te doy las gracias porque yo sé que tú me concedes lo que yo te estoy pidiendo. Amén".

Ahora sí que estamos listos para meterle mano a esto. Siéntate tranquilo, sosiégate, y ponte en calma. Olvídate de ese problema que te está amargando, y olvídate del trabajo. ¡Hoy se acabó! Hasta aquí llegaron los corajes, las debilidades, y las culpabilidades. Hoy y aquí vamos a asesinar al pasado en el nombre de Jesús. Te garantizo que tu vida jamás será igual. Teniendo siempre el cuidado de reconocer de que los cambios en tu vida se deben a la palabra divina y no a mi testimonio. ¡La gloria es de Dios en carácter de exclusividad!

Capítulo 19

Tú también puedes cambiar

¿*B*ien amigo y ahora qué? Si has llegado al final de la lectura de este libro lo más probable es que ya Dios te ha hablado. No fue por casualidad que llegaste aquí. A lo mejor según tu criterio te movió la curiosidad pero lo que verdaderamente te movió aunque tú no lo creas, fue Dios. El te ha permitido ver algunas cosas que antes no veías.

¿Y ahora qué? La gran pregunta de todos los tiempos.

Quisiera que pienses detenidamente por un segundo. ¿Y AHORA QUE?

Amigo... la gente está sufriendo.

¿Y por qué?

Hay mucho dolor y la gente no quiere admitir que hay dolor.

¿Por qué sufrí yo?

¡No importa que seas cristiano o no!

¿Te has sentado a pensar, digo sentarte a pensar con detenimiento, qué está pasando en tu vida?

¿Has sentido esa sensación de vergüenza y algo así como una tristeza porque te falta algo pero nunca puedes descifrar exactamente lo que es?

¿Se sincero, cuántas veces te has levantado frustrado porque sabes que no estás haciendo las cosas como las debería estar haciendo?

Piensa en esto. ¿Te has preguntado adónde se fue el amor que le tenías a tu esposa? o ¿Por qué ya las cosas entre ella y tú no son iguales?

¿Has pensado que tal vez en ese afán de ser ejecutivo te sientes como si te estuvieras perdiendo la mejor parte de tus hijos?

¿Cuándo fue la última vez que le echaste un brazo a tu hijo o hija y le dijiste: "estoy orgulloso de ti"?

¿Cuaádo fue la ultima vez que dijiste a tu esposa: "te quiero"?

¿Cuándo fue la ultima vez que le dijiste a Dios: "Tú eres mi Señor"?

¿Por qué parece que mientras mejor te tratas de portar más difícil se te hacen las cosas?

¡Qué si hoy voy a dejar de fumar! Y ese día como que todo el mundo está fumando echándote el humo en la cara y ofreciéndote cigarrillos.

¡Qué si hoy voy a dejar de beber! Y ese día tu mejor y más grande cliente (que es un bebedor) te invita a darte unos tragos.

¡Qué si hoy no voy a perder la paciencia! Y ese día antes de llegar al primer semáforo al salir de tu casa te han dado tres cortes de pastelillo: una dama que se estaba pintando los ojos mientras guiaba por poco te choca, por poco le das un golpe a un vendedor ambulante y la viejita del Datsun rojo te gritó una palabra de las que no se pueden repetir en público.

Cuántas veces te has dicho; te has gritado a ti mismo: ¡Voy a cambiar! ¡Voy a cambiar! y te sientes que se te destroza el corazón porque quieres cambiar pero como que pisas y no arrancas; como que todo es inútil. Te da coraje y gritas desde el centro de tu corazón: "¡Basta ya!" ¡Basta ya! ¡Yo no quiero seguir sufriendo! Y luego como el que busca aire dices: ¡Dios mío ayúdame! *¡Estoy Solo!*

No te desanimes. Tú no estás solo. Dios está contigo. Tú también puedes cambiar.

Hoy mismo tú le puedes poner punto final al asunto.

Hoy tú puedes tomar una decisión de aprender a usar el Manual de Operaciones de la Vida.

Anteriormente te hice cuatro preguntas. Si contestaste sinceramente afirmando, ya tienes en tus manos la llave para ser el hombre o la mujer más feliz sobre la tierra. Si contestaste afirmativamente ahora llegó el momento de la verdad para ti.

¡Mira bien! Tú no tienes que probarle nada a nadie esas son mentiras del diablo. No seas cabeza dura. Al único que fastidias siendo terco es a ti mismo. Yo no tengo que convencerte tú sabes que estás mal.

Yo te quiero hacer una pregunta adicional a las cuatro anteriores. ¿Quieres usar esa llave a la cuál me refiero?

Te propongo a Jesucristo. Pruébalo. Si no te devuelve la felicidad de tu matrimonio, si no llena tu vacío... me lo devuelves y todo libre de cargos.

Si tienes ganas de llorar hazlo. ¡Desahógate! ¡Yo sé lo que estás sintiendo! Estás dando el paso más importante de tu vida. Si has optado por usar la llave de la felicidad y quieres que Jesucristo cambie tu vida te invito a que repitas estas palabras:

Dios mío, me siento solo, y sé que esta soledad es porque no te he tenido en mi corazón. Te pido que me perdones todos mis pecados y mis rebeldías. Bórralos y olvídate de ellos. Dame un nuevo corazón para amarte. Yo confieso mi Dios que Jesucristo es mi Señor y Salvador y declaro que gracias a él yo me puedo llamar un Hijo de Dios. Yo te prometo que de aquí en adelante viviré una vida digna de un Hijo de Dios. Engendra en mi Padre Santo la nueva criatura con la efusión de tu Espíritu Santo y trae paz a mi vida. Líbrame de las ataduras que han atormentado mi vida. Me entrego a ti y te doy las gracias porque yo sé que tú ya has hecho el milagro y sé que *yo también puedo cambiar. Amén"*.

Bueno mi amigo, si tomaste la decisión de cambiar te invito que llenes la información que te pido en esta página y que me la envíes a vuelta de correo. A mi me interesa saber quien eres tú y me interesa orar e interceder por ti.

Tu también puedes cambiar

> Hno. Miguel A. Serrano
> P.O. Box 70226
> San Juan, Puerto Rico 00936-8226

Estimado Miguel:

Mi nombre es _____y tengo_____ de edad. Hoy día _____ he tomado la decisión de aceptar a Jesucristo como mi Señor y Salvador. Mi dirección completa es:

_____

_____

_____

_____

Capítulo 20

Honrando al Padre Espiritual

No puedo terminar sin antes dejar plasmada en estas páginas una reseña de gratitud. Hay muchas personas que se dejaron usar por Dios y fueron instrumentos en la obra que ha hecho Dios en mi vida y que también influyeron mucho en que yo escribiera este libro.

El reverendo Rodolfo Font, mi pastor, la persona a la cual le estoy profundamente agradecido por enseñarme cómo aplicar el Manual de Operaciones a mi vida. Su ministración a mi vida ha calado mucho más profundo de lo que él se imagina. Yo tengo una gran admiración por este varón de Dios por su valentía y su dedicación. Son pocas las personas que conozco que tienen convicciones lo suficientemente fuertes como para mover montañas. El ejemplo de su esposa y su suegra en su ministerio son testimonios elocuentes de lo que es vivir una vida en victoria.

Al reverendo Roberto Gómez y a Marta, su esposa, por las tantas gentilezas que ha tenido conmigo, mi esposa y mi familia. Esta pareja se desbordó en amor hacia nosotros. Gracias mis amigos. El pastor Font es sabio en tener personas como ustedes en su ministerio. Yo veo en Robertito (dicho cariñosamente) una fotocopia de Rodolfo Font. ¡Que dichoso eres Robert! Gracias por leer este libro y darme tus comentarios.

Agustín Palomo, director ejecutivo de la Editorial Unilit Puerto Rico, Inc quien fue la persona que al escucharme dando mi testimonio un día se acercó a mí me abrazó y me dijo: "¿Porqué no escribes un libro?". Gracias mi amigo eres alguien muy especial para mi. Me has enseñado algo que yo no sabia... que puedo escribir.

Luis García quien fue la persona del Club Setecientos que oró por teléfono conmigo aquel día 25 de diciembre. También fue la persona que fue mi consejero espiritual y el de mi esposa e hijos cuando aceptamos al Señor. Luis ha sido la única persona con la cual cada vez que oramos nos empezamos a reír y nos embriagamos en el espíritu. Tu tenías razón Luis cuando me dijiste que me veías predicando. Que el Señor te continúe bendiciendo.

Hay otras personas pero no las voy a nombrar aquí, ellos saben quienes son y Dios también, pero sí quiero que sepan que nunca olvidaré lo que hicieron por mí, por Maritza y mi familia.

Ahora quiero usar el resto de este capítulo para honrar a mi padre espiritual según lo dice la Biblia. Y quiero dejar para récord histórico que yo, Miguel Angel Serrano Arreche estoy profundamente agradecido a Dios por un hombre que me amó con un amor que sólo se compara al amor de Dios por su Iglesia. Un hombre que yo amo como si fuera mi propio hijo. Sus atenciones para conmigo no tienen descripción.

Fue una de las pocas personas que me fue a visitar a la cárcel de la Parada 8 casi todas las semanas, fue quien estando yo en la cárcel me hablaba del amor de Dios, quien cuando salí de la cárcel, además de recibirme en su propia casa me habló del amor de Jesucristo y me perseguía continuamente para que yo fuese al templo, fue quien, junto a su padre y a su madre, me ayudó económicamente sin ningún tipo de atadura, fue quien me devolvió mi dignidad, fue el responsable de que yo me casara con la esposa que hoy tengo, fue quien en el día más terrible de mi vida aquel día 25 de diciembre del 1990, oró conmigo, y fue la persona que Dios usó para llevarme a la salvación. Esa persona es José Rivera

Ramos. Yo le estoy profundamente agradecido a Dios por este varón. No hay nada que yo pueda realmente hacer para pagar esta gracia que tuvo él conmigo.

Algún día cuando llegue el final de los tiempos yo sé que me encontraré cara a cara con el Dios Todopoderoso y cuando esté allí frente a él le diré:

Gran Yo Soy, sé que mientras yo estuve sobre la tierra tú escuchaste mis oraciones y también cuando te di las gracias por mi salvación y por mi hermano Cuqui, pero hoy, aquí en tú presencia, cara a cara, te pido que le des un gran galardón porque debido a su obediencia a tú llamado y a su misericordia la palabra de salvación llegó a mis oídos, a los de mi esposa y a los de mis hijos. Gracias mi Dios. Y gracias a ti mi amigo. El agradecimiento que te tengo sobrepasa por mucho mi capacidad de palabras. Ciertamente has entendido el mensaje bíblico de "misericordia quiero y no sacrifico". Ciertamente has entendido lo que es SER uno en Jesús.

Epílogo

*B*ueno terminé el libro pero no mis deseos de gritarle al mundo que "Dios es bueno". Dios ha sido tan bueno conmigo y yo le estoy profundamente agradecido. Dios me ha hecho cambiar tanto que cuando yo quiero ver un milagro genuino me paro frente a un espejo.

Sí, ¿quien lo iba a decir? Quien podría imaginarse que un hombre como yo pudiera enamorarse tan profundamente de Jesús. Mi único deseo es levantar mis ojos a él, tomar mi corazón, y crucificarlo allí en la cruz con él. Jamás pensé que podría existir tanta felicidad y tanta paz.

He aquí la tremenda conclusión de mi viaje a Damasco. Hubiera sido mejor el haber conocido a mi Señor temprano en mi juventud, pero no fue así, lo conocí bastante después; pero si por alguna razón el reloj del tiempo me devolviera al pasado, y tuviera que volver a vivir todo lo que he vivido, si tuviera que volver a pasar por todo lo que pasé, con gusto lo haría si eso significara que en ese vivir y en ese pasar yo me encontrara como me encontré de nuevo al Caballero de La Cruz... mi Héroe.

¡Que bueno es Dios! Y que bueno es saber, estar seguro, que "TU TAMBIEN PUEDES CAMBIAR".